# 心中无敌，无敌于天下

## 马云献给创业者的12堂课

胡晓波 编著

内蒙古出版集团
远方出版社

图书在版编目（CIP）数据

心中无敌，无敌于天下：马云献给创业者的12堂课 / 胡晓波编著. ——呼和浩特：远方出版社，2014.11

ISBN 978-7-5555-0280-7

Ⅰ.①心… Ⅱ.①胡… Ⅲ.①电子商务-商业企业-企业管理-经验-中国 Ⅳ.①F724.6

中国版本图书馆CIP数据核字（2014）第256199号

心中无敌，无敌于天下：马云献给创业者的12堂课

| | |
|---|---|
| 编　　著 | 胡晓波 |
| 责任编辑 | 董美鲜 |
| 装帧设计 | 刘金峰 |
| 出版发行 | 内蒙古出版集团　远方出版社 |
| 社　　址 | 呼和浩特市乌兰察布东路666号 |
| | （电话：0471-2236471　邮编：010010） |
| 经　　销 | 新华书店 |
| 印　　刷 | 北京金特印刷有限责任公司 |
| 开　　本 | 710mm×1000mm　1/16 |
| 字　　数 | 210千 |
| 印　　张 | 17 |
| 版　　次 | 2015年1月第1版 |
| 印　　次 | 2015年1月第1次印刷 |
| 印　　数 | 1—6000册 |
| 标准书号 | ISBN 978-7-5555-0280-7 |
| 定　　价 | 29.80元 |

如发现印装质量问题，请与出版社联系调换。

# [前　言]

"我将在2013年5月10日，不再担任淘宝CEO（首席执行官）一职……"2013年初，马云突然对外宣布自己将辞去淘宝CEO，"把领导责任交给七八十年代的同事们"。他坚信，年轻的一代比他更有潜力，更懂未来，也更有能力创造新的奇迹。

这就是马云！他是首位登上美国权威财经杂志《福布斯》封面的中国内地企业家；他创办了中国首个电子商务网站，带领他的阿里巴巴帝国创造了中国电子商务史上数个"第一"；他改写、推动了中国零售业、制造业、进出口业以及金融业等行业的历史轨迹；他是中国无数年轻人眼中草根创业者的成功典范；他甚至还是一个令人热血沸腾的人生导师、演讲家……

很多人崇拜他，认为他是一个传奇，这不仅仅因为他所亮出的耀眼的成绩单，还因为这个庞大的商业帝国的缔造者说过："我自己觉得，算，算不过人家；说，说不过人家。但是我创业成功了——如果马云创业成功，我相信80%的年轻人创业都能成功。"

在成功的巅峰，他高不可攀；在成功的背后，他近在身边。与那些顶着名校光环，有着非凡背景的成功创业者不同，马云就是人们眼中的"草根英雄"。他小时候爱打架，高考考了3次，而且他长得不好看，但正是这样一个平凡的人，缔造了中国乃至世界的商业传奇。

马云的创业之路，马云带给创业者的感悟和思考，马云的人生体验以及他的授业布道，无不激发着人们想要从他身上探寻成功的秘诀，因为在他的身上，人们看到了自己的梦想，看到了成功的希望。

无论你是否正怀着梦想，准备起航，无论你是否正在创业的道路上艰难前行，无论你是否已经在事业上小有成就，不妨在忙碌中停下脚步，读一读马云的故事，听一听马云的声音，学一学马云的经验。

本书从梦想与激情、行动与坚持、思维与视野、机遇与挑战、竞争与合作、团队与用人、领导与管理、融资与财富、口才与演讲、气质与魄力、客户与人情、心态与头脑等12个方面，多角度展示和解读马云的人生经验，并结合马云的经典案例和原汁原味的话语，与你分享他的创业之路和人生体验。

马云曾说："我的成功可以复制。"希望读者能够通过马云的创业故事，复制他的精神、意志，复制他的思想精华，复制他的成功经验；通过融入自己的思考和体会，在创业的道路和人生的旅程中走得更远，更踏实！

[ 目 录 ]

## 第一课 梦想与激情
——"创业路上需要激情、执着和谦虚。"

1. 像坚持初恋一样坚持梦想 / 002
2. 以雄心做底色 / 007
3. 知道自己在做什么 / 011
4. 有信心才能走得更远 / 015
5. 激情是梦想的催化剂 / 019

## 第二课 行动与坚持
——"我们应该为结果付报酬,为过程鼓掌。"

1. 不给自己留退路 / 024
2. 有志者,事竟成 / 027
3. 小聪明不如傻坚持 / 031

4. 非专注无以作为 / 034

5. 三流创意加一流执行 / 038

## 第三课　思维与视野
——"创意构想是过程，执行实现才是结果。"

1. 阿里巴巴的品牌力量 / 044

2. 创新是核心竞争力 / 047

3. 学习是最便宜的投资 / 051

4. 换个角度看世界 / 054

5. 适合自己的才是最佳方向 / 059

## 第四课　机遇与挑战
——"有时候死扛下去总是会有机会的。"

1. 培养危机意识,有备无患 / 064

2. 从他人身上寻找机会 / 068

3. 逆境中的商机 / 072

4. 看准时机果断出手 / 076

## 第五课　竞争与合作
——"在竞争中成长,在合作中壮大。"

1. 不畏竞争,勇于锻造自己 / 080
2. 潜心修炼,韬光养晦 / 084
3. 与竞争对手和谐相处 / 089
4. 知己知彼,百战不殆 / 093

## 第六课　团队与用人
——"任何奇迹的创造都来自于团队里的人。"

1. 独木难成林 / 98
2. "野狗"、"猎犬"与"小白兔" / 103
3. 最优秀的不等于最适合的 / 107
4. 建立固若金汤的人才大本营 / 111
5. 信任是用人的关键 / 115

## 第七课　领导与管理
——"做一位像唐僧一样的好领导。"

1. 唐僧团队的生存启示 / 120
2. 领导不必做劳模 / 124

3. 果断、理性是决策的左膀右臂 / 128

4. 黑脸白脸都要唱 / 132

5. 建立行之有效的激励机制 / 137

## 第八课　融资与财富
——"免费是世界上最贵的东西。"

1. 金钱不应成为第一目标 / 142

2. 别小看 5 分硬币 / 147

3. 想发财，先看轻财富 / 151

4. 帮别人赚钱，自己才会赚钱 / 154

5. 财散人聚，学会分享 / 158

## 第九课　口才与演讲
——"智慧的人用心说话。"

1. 坦诚开启心灵之门 / 162

2. 善于倾听才能出口服众 / 165

3. 风趣幽默，妙语连珠 / 168

4. 刚柔并济，暗藏霸气 / 172

## 第十课　气质与魄力
——"男人的长相和智商是成反比的。"

1. "六脉神剑"的掌门人 / 176
2. 海纳百川的胸襟 / 180
3. 做自己坚定的拥护者 / 184
4. 幸福与情人节无关 / 187
5. 语不惊人死不休 / 190

## 第十一课　客户与人情
——"员工第一，客户第二，对手第三。"

1. 以客户的需求为风向标 / 194
2. 做生意不能耍小聪明 / 198
3. 善用名人效应 / 202

## 第十二课　心态与头脑
——"建立自我，追求忘我。"

1. 做人比做事重要 / 208
2. 控制欲望才能不上当 / 212

3. 感恩成就人生 / 216

4. 诚信是财富之源 / 220

6. 挫折和苦难让人更加坚强 / 225

## 附录　马云演讲录

第一篇　马云在斯坦福大学的演讲 / 231

第二篇　马云在杭州师范大学的开学演讲 / 238

第三篇　马云在宁波会员见面大会上的演讲（节选）/ 241

第四篇　马云卸任阿里巴巴 CEO 的演讲 / 257

## 第一课　梦想与激情

"创业路上需要激情、执着和谦虚。"

　　创业的路是一条很艰难的路,除非真的有一个理想,否则别轻易上创业这条船。但是,如果已经开始创业,并且觉得这确实是自己的理想,那就应该坚定地走下去。如果成功了,那就谢谢好运气,谢谢帮过自己的朋友们;如果失败了,也不要怨天尤人,而应该分析自己失败的原因。

——马云

## 1. 像坚持初恋一样坚持梦想

2007年,马云在"我能创未来——中国青年创业活动"中发表了演讲,他说:

"有了一个理想以后,我觉得最重要的是给自己一个承诺,承诺自己要把这件事做出来。很多创业者都想着这个条件不够,那个条件没有,这个条件也不具备,该怎么办?我觉得创业者最重要的是创造条件。如果机会都成熟的话,一定轮不到我们。所以,一般大家都觉得这是好机会,大家都觉得机会成熟的时候,我认为这往往不是你的机会。你坚信这件事能够做起来的时候,给自己一个承诺说,我准备干5年,我准备干10年,干20年,把它干出来。我相信你就会走得很久。我在一次跟创业者交流的过程中,我说创业者的激情很重要,但是短暂的激情是没有用的,长久的激情才是有用的。一个人的激情也没有用,很多人的激情非常有用。如果你自己很有激情,但是你的团队没有激情,那一点用也没有。怎么让你的团队跟你一样充满激情地面对未来、面对挑战,是极其关键的事情。另外一件事,我说创业者给自己的承诺,自己给自己的承诺。

"在互联网最冷的'冬天',2001年、2002年的时候,我自己说从1995年以来开始创业,我已经吃了6年苦了。6年以来我碌碌无为,犯了那么多错误,反正我也没办法,后面6年继续干下去。再吃6年苦,甚至16年苦,一定把它做出来为止。在这儿我想跟大家分享一个坚持、梦想或者是信任、坚信的一个案例。

## 第一课 梦想与激情
### 创业路上需要激情、执着和谦虚

"阿里巴巴上市一个月以后,我把我们公司超过5年以上的员工,也有这么大一群人,叫到一起,问他们一个问题,我们现在上市了,有钱了,可以说是相当有钱了,但是我问大家凭什么我们今天有钱,是因为我们比别人聪明吗?我看未必,至少我认为我不聪明。从小学到大学,我很少考进前5名,当然我也没跌破过15名以后。我没有觉得我聪明,因为很多人考数学,考什么都比我行。你觉得我们比人家勤奋?我看这世上比我们勤奋的人非常之多,比我们能干的人也非常之多。但为什么我们成功了,他们没有成功?在我看来,我的500多名同事、五六百名做了5年以上的员工,绝大部分员工的智商都比我高。因为七八年以前阿里巴巴没有名气,没有品牌,没有现金,人们也不大相信电子商务,那个时候非常难招聘员工,我们开玩笑说,街上只要会走路的人,不是太残疾,我们都招回来了。

"但是经过了五六年,我们这些人居然都很有钱,大家都很有成就感,为什么?我觉得就是因为我们相信自己是平凡的人,我们相信我们一起在做一些有益的事情。那个时候认为自己很能干的人,相当出色的人,全都离开了我们,因为有猎头公司把他们请走了。有些人想说我不同意这个观点,他们到别的公司去创业,留下来的人反正也没人挖,也不知道该到哪儿去,闲着也是闲着,到其他公司也找不着工作,就待下去,一待就待了七八年,今天都成功了。事实也是这样,傻坚持要比不坚持好很多。所以,我觉得创业者给自己一个梦想,给自己一个承诺,给自己一份坚持,是极其关键的。

"另外,我想创业者一定要想清楚两个问题:第一,你想干什么。不是你的父母让你干什么,不是你的同事让你干什么,也不是因为别人在干什么,而是你自己到底想干什么。第二,你需要干什么。你要想清楚你该干什么,而不是你能干什么。

"创业之前很多人问,我有那个,我有这个,我能干这个,我能干那个,所以我一定会比别人干得好。我一直坚信,这个世界上比你能干、比你有条件干的人很多，但比你更想干好这件事的，应该全世界只有你一个人，这样你才会有一点机会。所以，想清楚你要干什么，然后想清楚该干什么，不该干什么。

"在创业的过程中，四五年以内，我相信任何一家创业公司都会面临很多的抉择和机会。在每一次抉择的过程中，你是不是像对待自己的初恋那样记住自己第一次的梦想，至关重要。在原则面前能不能坚持，在诱惑面前能不能坚持原则，在压力面前能不能坚持原则。最后想清楚想干什么，该干什么以后，再对自己说，我能干多久，我想干多久，这件事情该干多久就干多久。

"其实阿里巴巴做电子商务，这么多年以来，我们经受各种各样的批评和指责，大家说中国不具备做电子商务的条件，中国没有诚信体系，没有银行支付体系，基础建设也非常差，凭什么你可以做电子商务？那你说我怎么办？等待机会？等待别人来？等待国家建好，竞争者进来？我觉得，如果没有诚信体系，我们就创造一个诚信体系；如果没有支付体系，我们就建设一个支付体系。只有这样，才有机会。所以我想，9年的经历告诉我，没有条件的时候，只要你有梦想，只要你有良好的团队坚定地执行，你便能够走到大洋的那一岸。"

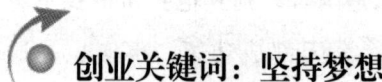

## 创业关键词：坚持梦想

初恋是最美好的，每个人第一次恋爱最容易记住，每个人初次创业时的理想是最好的，但是走着走着就找不到这条路在哪里了。其实你的第一个梦想同样是最美好的东西。2001年网络泡沫破灭时，那三十几家公司，我记得现在全部关门了，只有我们一家还活着。我们是坚持初恋的人，我们是坚持梦想的人，所以才能走到今天。

——马云

## 第一课 梦想与激情
### 创业路上需要激情、执着和谦虚

正如一句话所说:"我们所渴望的,是一个伟大壮丽的时刻。"内心的期望,是创造力和灵感的源泉,会使理想滋生出现实的果实。然而,在通往成功的道路上,我们往往需要在黑暗中摸索很久才能找到正确的方向,而坚持恰恰是我们在黑暗中高举的火把,它让我们最终得以冲破禁锢的蚕茧,化为美丽的蝴蝶。

帕里斯一直从事玻璃制造,一次偶然的机会,他见到了一只精美绝伦的意大利彩陶茶杯。"我也要生产出这样美丽的彩陶。"这是他当时唯一的信念,也就是从那时起,他的命运改变了。

他尝试着建起烤炉,买来陶罐,将它们打成碎片,摸索着进行烧制。几年后,做实验用的碎片堆成了小山,他甚至无米下锅了,但梦想中的彩陶仍旧遥遥无期。他不得不重操旧业以维持生计,赚得一笔钱后,他又开始烧制彩陶,3年的时间里碎陶片又在砖炉旁堆成了山。接下来的几年,他反复尝试,但都没有成功。这时,周围的人开始笑话他愚蠢,连家里人也开始埋怨他,他默默地承受着这一切,继续试验。近半个月的时间里,他没有脱衣服,日夜守在炉旁。终于可以出炉了,多年的心血眼看就要得到回报,就在这时,炉内"嘭"的一声巨响,不知是什么爆裂了。等到出炉后,他发现所有的产品都沾染上了黑点,全部成了次品。他又失败了!

这次打击对于帕里斯而言是惨痛的。他独自一人到田野里盲目地走着,也不知走了多久,优美而恬静的大自然终于使他平复下来,他又开始了下一次试验。

历经16年无数次的艰辛历程,他终于获得了成功。他的作品被人们看成是稀世珍宝,价值连城,艺术家们争相收藏。他亲手烧制的彩陶瓦,至今仍在法国的卢浮宫大放异彩。

雨果曾经说过,世人最缺乏的是毅力,而非气力。事实上,我们做事情很少可以产生立竿见影的效果。坚持是一种积极的心态,不仅包含着积极的思考、坚定的信心，也包含着无限的韧性。哪怕我们最终会因为种种原因没有实现最初的梦想，但是坚持本身就是一种成功。所以，不要惧怕辛苦、磨难、创伤，去用心感受路途中风的力量，像坚持初恋一样坚持梦想，成功一定会属于我们。

## 2. 以雄心做底色

1999年,在杭州湖畔家园马云的家里,17位创业成员簇拥着马云,群情激昂,决定筹资50万元,成立一家电子商务公司。这是马云第三次创业。即使如此,马云仍坚持要全程录像,因为"坚信这将有极大的历史价值"。会议上,马云面对17位创业成员,坚定地说:"我们的目标有3个,第一,我们要建立一家生存102年的公司;第二,我们要建立一家为中国中小企业服务的电子商务公司;第三,我们要建立世界上最大的电子商务公司,要进入全球网站排名前10位。"这一年,马云35岁。

创业时的雄心与企业日后发展到什么层次是成正比的。如果没有把企业做大的雄心,那么很难想象这样的企业能够做好做大。因为在企业发展的过程中,一切企业行为和决策都是来自带头大哥的经营理念。

下面我们来看看马云在阿里巴巴发展过程中的几次大动作:

1999年7月,马云团队在香港成立了阿里巴巴中国控股有限公司(总公司);9月在杭州成立阿里巴巴(中国)网络技术有限公司(中国区总部);10月底,高盛公司牵头,瑞典银瑞达公司联合向阿里巴巴投资500万美元;随后,孙正义的软银向阿里巴巴投资2000万美元。21世纪初,互联网泡沫破灭,阿里巴巴却逆势大发展,规模迅速扩大。2000年下半年到2001年,马云在公司内部采取了三大措施:"延安整风运动"、"抗日军政大学"和"南泥湾开荒"。所谓"延安整风运动",是指为新员工配设师傅,让师傅把公司的理念和价值观灌输给新员工，帮助新员工尽快融入阿里巴巴；成立"抗日军政大学"，是为了从员工队伍中寻找符合要求的潜在管理干部，再请专家进行培训；"南泥湾开荒"则是培养销售人员如何面对客户，开拓资源。2004年10月，为了应对阿里巴巴已经变成了一个"几千人的大公司"这个局面，马云在邓康明的建议下，将"独孤九剑"凝练成了"六脉神剑"。在处理阿里巴巴欺诈事件时，由于触碰了公司价值观这条底线，马云将公司功臣兼重臣卫哲和李旭辉辞退。

很难想象，如果马云没有将阿里巴巴建成"世界最大的电子商务公司，要进入全球网站排名前10位"这个雄心，怎么会做出诸多的大动作，又是引入大笔投资，又是极力关注企业的价值观建设、传承和巩固。由此可见，雄心是把公司做大做强的原动力。

人们常说，不想当将军的士兵不是好士兵；但是马云也说一个当不好士兵的将军一定不是好将军。1994年，马云开始了第一次创业，创建了杭州第一家专业翻译社——海博翻译社。当时，翻译社所有员工加起来只有5个人。成立初期生意惨淡，最艰难的时候，翻译社原本就很小的办公室有一半用来出租，同时还兼营鲜花和小礼品甚至医药。但即使这样，翻译社仍然入不敷出。马云干脆亲自前往义乌、广州等地批发小商品赚取微薄的差价，以支撑翻译社。1995年，海博翻译社开始赚钱，之后马云便没再管海博翻译社。1995年4月，他从美国参观VBN公司回来后，成立了中国第一家互联网商业公司——海博电脑服务有限公司，员工只有他和夫人张瑛，以及何一兵。为了揽活，马云亲自在朋友圈中游说，先普及Internet是什么，然后主动为他们先行提供服务。他将朋友企业的资料EMS到美国的VBN公司，VBN将Homepage做好，打印出来快递回杭州。马云再将打印稿拿给朋友看。诸如此类的蚂蚁搬家似的琐碎工作，马云都是亲力亲为。正如他所说的，要想当将军，就必须先当好士兵。

所谓用雄心做底色，就是要立下大志，事业才有发展和成功的可能；但是，光有雄心显然不够，还得脚踏实地去做，事业才有可能获得成功。年轻人创业，必须要有雄心，要有建立在脚踏实地基础上的雄心，这样的雄心才能成为事业和人生的底色。

 **创业关键词：雄心壮志**

到北大演讲心里特别激动，我一直把北大的学子当作我的偶像，一直考却考不进，所以我想有一天我一定要到北大当老师。

——马云

在这个世界上，没有捕捉不到的猎物，就看你有没有雄心去捕；没有完成不了的事情，就看你有没有雄心去做。即使你现在两手空空，但只要自始至终怀揣着雄心壮志，你就不是一无所有；怀揣着梦想，在人生的旅途中精疲力竭时，你就可以随时充饥！著名数学家华罗庚曾经说过："没有雄心壮志的人，他们的生活缺乏伟大的动力，自然不能盼望他们会有杰出的成就。"

法国有个年轻人，家境贫寒，经过10多年的辛苦打拼，他终于成为当时的传媒大亨，并且跻身于法国的五十大富豪之列。1998年，他去世了。他的遗嘱被当地的报纸公开，他说："我也曾经是个穷苦的人，谁能知道'穷人到底最缺什么'，就将获得100万法郎的奖励。"

消息一出，约有两万多人争先恐后地寄来了答案，大部分人认为，穷人最缺的就是财富。而另一部分人认为穷人缺少的是机会、技能……后来，在这位传媒大亨逝世周年纪念日当天，在公证部门的监督下，他的律师和代理人打开了大亨存在银行的私人保险箱，将他致富的秘诀公之于众。这位大亨认为，穷人最缺少的是成为富人的雄心。

谜底一出，震动了整个欧美。几乎所有富人都毫不避讳地承认：雄心是治疗"贫穷"的永恒药物，也是所有看似不可能发生的奇迹出现的源头。也就是说，一个人的雄心壮志越大，对于成功的欲望也就越强烈，也就越有希望实现目标。就好比弓拉得越满，箭就射得越远。

20世纪初，有个年轻的美国人，他确立的人生目标是当美国总统。1910年，他当选为纽约的参议员；1913年，任海军部助理部长；1920年，出任民主党副总统候选人。1921年他39岁，正当壮年，却不幸染上重病，成了一个双腿不能活动的残疾人。但是他并没有因此而放弃当总统的梦想。

他制定了一个旁人看来十分笨拙的身体复原计划——从练习爬行开始。为了激励自己的意志，每次练爬的时候他都把家人、用人叫到大厅来看。他说："我不需要掩盖自己的丑态。"他用尽全力爬得汗如雨下，却还赶不上刚学会走路的小儿子。他的妻子后来回忆说："看到他这样就像有千把尖刀刺在我的心上，可他从来不听劝阻，非要坚持到底。"将近7年的苦练终于使他能够站立起来，虽然仅仅能够站立1个小时。1928年，他竞选纽约州州长成功，1933年3月4日就任美国第32任总统，终于实现了他的梦想，并于1936年、1940年、1944年破例地3次连任，成了美国历史上在任长达12年的伟大总统。是他实行新政将美国从经济大萧条中解脱出来，之后又带领美国向法西斯宣战，与全世界一起取得了第二次世界大战的胜利。

1945年4月12日，63岁的他因突发脑溢血在美国总统任上去世。

这个人就是富兰克林·罗斯福。目标使他的生命力出现了超乎寻常的奇迹，他的成功就是追求目标的胜利！

总之，雄心壮志是一个人实现最终梦想的强烈动机和定位。不管有没有雄心壮志，我们的生活都一样继续着，但为了在这个世界上有个硕果累累的终结，我们还是应该再三思考自己的抱负。

## 3. 知道自己在做什么

"这个世界不是因为你能做什么，而是你该做什么。"人的能力有大有小，智商也有高有低，那么在同样条件下，智商高的人成为"科学家"的机会就会大一些。有的人智商高、情商低，有的人智商低、情商高，有的人两者都高，有的人两者都低，那么人们能够做成的事情就会有所不同，能够做成的事情的大小也会不同。要想成为一个成功的企业家，不仅要具有基本的智商和足够高的情商，还得有非常出色的逆商和财商。逆商，就是逆境商，又叫挫折商，指的是人们面对逆境时的反应方式，即面对挫折、摆脱困境和超越困难的能力。财商，本意是金融智商，指个人或集体认识、创作和管理财富的能力。对于一个渴望创业成功的人来说，情商、逆商和财商尤其重要。

只有弄清楚自己能干什么不能干什么，才有可能弄清楚自己在做什么。换句话说，只有弄清楚自己能干什么不能干什么，弄清楚自己在做什么才有实际意义。

马云在一次演讲中谈到竞争战略时说，eBay 是大海里的鲨鱼，淘宝网则是长江里的鳄鱼，鳄鱼在大海里与鲨鱼搏斗，结果可想而知，我们要把鲨鱼引到长江里来。在马云看来，成立于 2003 年的淘宝网，其优势在于熟悉中国内地市场，并且已经做到了内地 C2C 老大的位置，但是缺乏国际运作经验，因此，要想与 eBay 竞争，就必须想方设法将 eBay 引入内地或等待它自己投身内地。在中国大陆市场，eBay 不适应本土文化，不熟悉大陆消费者的消费习惯，不熟悉中国大陆的市场规则，而这些恰恰是淘宝网的长处。马云非常清楚自己要对抗的是 B2B 运营商 eBay，也非常清楚在中国大陆市场打败它是有希望的。为此，他提前布局，先是推出即时通信工具——阿里旺旺，然后推出支付工具——支付宝，将客户在淘宝网的消费行为完整化。有趣的是，eBay 当时的 CEO 惠特曼在参观淘宝网后，立即收购了 Skype，又将 PayPal 引入了中国市场。显然，马云在这次布局中，深知自己要挑战的是世界行业翘楚 eBay，也明白在中国大陆挑战外来的 eBay 是有胜算的。于是，他做出了一系列的布局，就等 eBay 这条大海里的鲨鱼进入长江流域，水土不服，再力战之。

知道自己能做什么不能做什么后，在行动时就比较容易判断自己正在做的事情是否有把握，能否成功，也就是所谓的"清楚自己在做什么"。

在创业的过程中，很少有不遭受质疑的。每一个创业的人，不管成功还是失败，在创业过程中肯定会招来旁人的不理解、质疑甚至反对。这时，创业者需要的就是坚信自己在做什么。

阿里巴巴自成立以来一直备受质疑，大家都说这个东西不可能。坚信一句话：你说的都是对的，别人都认同你了，那还轮得到你吗？你一定要坚信自己在做什么。

再往前溯源，马云 1995 年从美国回来后，召集了 24 个朋友，先向他们解释什么是 Internet，然后游说他们一起创业。结果，有 23 个人当场反对，只有一个人表示了谨慎的支持。最后，这位唯一支持马云的朋友何一兵与马云一起创办了阿里巴巴。后来，马云在回忆这段经历时说，即使 24 个人都反对，我也要干。他说："其实最大的决心并不是我对互联网有多大的信心，而是我觉得做一件事，无论失败还是成功，经历都是一种成功。你去闯一闯，不行你还可以掉头；但是你如果不做，就像晚上想想千条路，早上起来走原路是一样的道理。"

坚信自己在干什么，首先是要坚定信念，不能随便放弃；其次是要有思想准备，坚定的结果不一定成功，但不坚定的结果一定失败。一个合格的创业者首先要弄清楚自己能做什么、不能做什么，这样才能做出选择；一旦做出了选择，就要坚定自己的想法，不能随便更改。

 **创业关键词：目标明确**

我也不在乎别人怎么骂，因为我永远坚信这句话：你说的都是对的，别人都认同你了，那还轮得到你吗？你一定要坚信自己在做什么。

——马云

美国著名企业家宾尼曾说："一个心中有目标的员工会成为创造历史的人，一个心中没有目标的员工只能是一个普通员工。"正如马云对梦想的坚持，很多成功的人也是如此，他们在追逐梦想的道路上目标明确、方向清晰，并且为实现自己的目标制定详细的计划，愿意为之付出汗水，理智而坚定。

他们深知，明确的目标可以激发自己的进取心、创造力、竞争力、自我克制力、决断力以及全力以赴的积极态度，最终帮助他们站在成功的顶峰。

李开复曾说："每个员工在工作中都应制定切实可行的目标，并为该目标负责。如果达到目标，就可以接受公司的褒奖。如果没能完成目标，就应当接受相应的惩罚。在微软，员工在开发产品时都有一种永不知足的精神，他们总觉得产品还有可以改进的地方，不能只满足于'足够好'，而必须达到'非常好'，这也是微软能够始终保持成功的原因之一……微软公司要求每一个部门、每一个员工都要有明确的目标，同时，这些目标必须是'SMART'的。"

"SMART"具体指什么？李开复是这样解释的：

"S 是 Specific，即你的目标必须是特定的、范围明确的，而不是宽泛的；M 是 Measurable，即你的目标是可以度量的，不是模糊的；A 是 Attainable，即你的目标是可实现的，不是理想化的；R 是 Result–based，即你的目标是基于结果而非行为或过程的；T 是 Time–based，即你的目标一定要有时间限制，而不是遥遥无期的。"

可见，目标是一种特定的、可被衡量的、有时限的期望值。所以，对创业者来说，目标越明确，理想越坚定，取得成功的机会就越大。

"小时候父母常跟我说，好好学习，将来找一份好工作。但是，从小我就有自己的想法：为什么是将来找一份好工作，而不是为别人提供一份好工作？"黄希很早就有创业的想法。她用3年时间修完中国人民大学自考本科后，就义无反顾地开始了自己的创业历程。

她大二时就有了自己的收入。学校里有很多留学生，相互交流学习对学习语言很有好处。黄希发现了这一点，就和匈牙利、美国留学生一起创办了中外大学生联盟俱乐部，定期开展活动，当时缴费的会员有3000多人。她由此累积了创业的第一笔原始资金。

"比别人先走一步的优势，培养了比别人先走一步的理念。"黄希如此解读创业体验，就像开车，同样是宝马，在高速公路可以开到180公里，一般马路上只能六七十公里，"在学校时已经有了很多实践机会，我们就比别人提前走入了高速公路，就有机会比别人快10倍或20倍。"

经过3年的努力经营，黄希的广州盛放文化传播有限公司成了广州市十大优秀外模（国际模特）公司之一。

但凡创业成功的人，一定都有明确的奋斗目标，而且他们懂得自己活着是为了什么。他们会尽自己的全部力量，朝既定的目标前进，而且他们知道怎样做是正确的、有用的。有了明确的奋斗目标，也就产生了前进的动力。因而目标不仅是奋斗的方向，更是对自己的一种鞭策。有了目标，就有了热情、有了积极性、有了使命感和成就感。有明确目标的人，会感到自己心里很踏实，注意力也会神奇地集中起来，不再被许多繁杂的事所干扰，做什么事都显得成竹在胸。

## 4. 有信心才能走得更远

马云被称为互联网"狂人",这不仅仅是因为他的脑子里经常会迸发出很多看上去很疯狂的想法,还因为这种"狂"的背后更多的是一种自信及对梦想的执着,以及从非专业出身到创造一个网络神话的传奇经历。几乎所有和马云接触过的人都能感受到他的自信。有一次在中央电视台录节目,一位观众这样评价马云:"他走每一步的时候,都很有底气、很有把握,都在他的谋略和计划之中。所以他什么都不惧,什么都不畏,这也是一种帅。"

1999年10月,一个朋友邀请马云去见一个业内大名鼎鼎的风险投资商、雅虎最大的股东、被称为"网络风向标"的软银老总孙正义。众多西装笔挺的精英齐聚在富华大厦一间豪华的会议厅里,与其他人不同,马云只穿了件普通的夹克衫。

然而,正是这个其貌不扬、穿着简朴的人,仅仅用6分钟的发言就打动了孙正义。孙正义直截了当地问他:"停下来,我决定投资你的公司,你需要多少钱?"

马云说:"我并没有打算向你要钱啊!"

孙正义说:"你不要钱,来找我干什么?"

马云说:"又不是我要来找你,是人家叫我来找你的。"

后来,马云才知道软银每年接受700家公司的投资申请,但只有70家公司能够获得投资,而孙正义只和其中一家亲自谈判。马云能在这么短的时间内吸引孙正义做出投资决定,秘诀就在于"保持你独特的领导气质，这是我为你投资的最重要的原因"。

在与孙正义谈判并获得 2000 万美元的投资后，马云这样说道："我相信孙正义喜欢我，所有的投资者都喜欢我，因为我老实地说我想做成这么一件事，这件事的结果一定会带来很多钱，所以他看见的是我这个眼神。全世界有钱的人很多，但全世界能做阿里巴巴的人并不多。我觉得这是我们的信心所在。投资者你不给我钱，另外有人给我，我就找愿意给我的人。全世界有很多投资者，但全世界马云就一个，没办法。"

2001 年恰逢"互联网寒冬"，很多行业里的精英都黯淡了光芒，甚至有些已经陨落，余下不多的也纷纷"改旗易帜"，寻找其他出路。这一年年底，孙正义在上海召开了一次投资会议，并在会上颇为无奈地问马云："你要不要也调整战略，放弃电子商务，转向其他领域？"

马云却胸有成竹地说："孙先生，一年前你为我融资，我向你要钱的时候，我讲的是这个理想（电子商务），今天我仍然告诉你，我还是这个理想，唯一的区别是我朝我的理想往前走了一步，但我还要往前走！"

马云之所以敢向孙正义拍这样的胸脯，是因为他有底气。2001 年，中国互联网公司遭遇国际资本的冷遇，导致仍处于成长期的中国互联网公司雪上加霜。与之相反，马云却后劲十足，不仅从"高盛"成功融资 500 万美元，还得到了孙正义提供的 2000 万美元投资。但是，即便如此，面对当时的市场困境，敢于说出这样的话，恰恰展示了马云强大的内心。

当时阿里巴巴一直饱受争议和怀疑，很多人认为电子商务在中国前景黯淡，但马云始终坚信互联网会给中国带来改变，电子商务的前景一定是辉煌的。当然，他也明白电子商务在短时期内无法盈利，但是他坚信 10 年后一定会成为赚钱的热门行业。

阿里巴巴今天的成功验证了马云的决策，也展示了马云的自信。如果当时他不够自信，因为外界的怀疑而退却，也就不会有今天电子商务的繁荣景象，更不会有今天登上成功巅峰的马云。

## 创业关键词：自信

**只有你想不到的，没有马云办不到的。**

——马云

美国现代心理学之父威廉·詹姆斯曾经说过："我们坚定不移的信心，常常是取得胜利的唯一法宝。"可见，自信是一种体现个体愿望和自我认同的能量，能够产生强大的超越自我的动力，帮助人们走出困境，创造奇迹。

一个人是否自信，预示着他将来能否有大的作为。尽管谦逊是一种品质，但是我们也不能因此而忽略自信的价值，正如英国历史学家弗劳德所说的："一棵树倘若要结出丰硕的果实，就必须先扎根于土壤。同理，假如一个人想取得成就，他也必须学会依靠自己，尊重自己，不等待命运的馈赠。只有在这样的基础上，才会实现自己的理想与价值。"

威廉·波音以前是做木材和家具生意的，然而，自从他看了一场飞机特技表演后，就对飞机产生了痴迷，甚至抛下不错的生意，前往洛杉矶学习飞行技术。在学习过程中，波音还冒出了一个大胆的想法：制造飞机或许比驾驶飞机更有意思。这个想法牢牢地占据了他的脑海。学习一结束，他就邀请一位海军军官和他一起制造飞机。

由于没有工厂，也没有专业的制造工人，波音不得不动员自己的木材公司的木匠、家具师和3名钳工进行组装。

大家都觉得波音的举动太不可思议了，一个对制造飞机一无所知的人，带着一群同样的人，怎么可能制造出高科技含量的飞机呢？

但波音却信心十足，坚信只要努力，一定会取得成功。结果，他们真的制造出了飞机！这是一架水上飞机，波音还亲自驾驶它试飞，大获成功。

之后，波音的信心愈发高涨，索性将木材公司改成飞机制造公司，专门研制飞机。直到现在，全世界每天都有数以千计的波音公司制造的飞机在天空中翱翔。

与金钱、势力、出身、人脉相比，自信是更有力量的东西，是我们从事任何事业最可靠的资本。自信能够排除各种障碍，克服种种困难，使创业获得完满成功。

另外，在创业的过程中，有的人最初或许对自己有一个恰当的估计，自信能够处处胜利，但是一遇挫折就半途而废，这是因为自信心不够坚定的缘故。所以，光有自信心还不够，必须使自信心变得坚定，这样一来，即使遇到挫折，也能不屈不挠，勇于进取，绝不会因为遇到一点小困难就退缩不前。

当我们分析研究那些成功创业者的人格特质，通常可以发现一个特点：他们在开始做事之前，总是拥有充分信任自己能力的坚定信念，深信自己所从事的事业必能成功。这样，在做事时，他们就能付出全部的精力，破除一切艰难险阻，直到胜利。

所以，请相信一点：只有自信和自尊，才能让我们真正意识到、感觉到和发掘到自己的潜能。这种巨大的能量将会帮助我们甩掉软弱、犹豫、畏惧和懒惰，推动我们朝成功的彼岸稳步前进。

## 5. 激情是梦想的催化剂

每个人都希望自己的梦想能够照进现实，而实现这一点的秘诀之一，就在于是否在努力的过程中注入了激情。激情是一种神奇的力量，它能够主宰和激励人们，激发人们的斗志和行动力。

马云无疑是个充满激情的人，很多在电视里或者现实中见过马云的人，都会被马云身上所散发出的激情所感染。2004年，马云在国际电子商务大会上无比感慨地说："电子商务是一个新的领域，最重要的是永远为你所激情的事情激情下去。做电子商务不容易，今天有这么多人在，我非常高兴。从事网络的人，尤其是这几年活下来的人，经历的事情太多了……"

其实，充满激情的马云在阿里巴巴还"养在深闺人未识"的时候，就对同伴许下了这样的豪言壮语："我们要做一家80年的公司，要进入全球网站前10名。"后来，随着企业的壮大和发展，马云又对外宣称："我们要做一家102年的公司，要进入全球网站前3名。"

他有一句口头禅："只有你想不到的，没有马云做不到的。"他用自己的豪迈和激情，感染着所有人；他的演讲和发言也是掷地有声，让听众深受震撼，血脉偾张。早些年在北京帮马云做《书生马云》节目的一个同乡好友这样评价马云："他就像一剂毒药，把所有的不可能都变成了可能。"

曾是阿里巴巴创办人之一的蔡崇信，最初是到阿里巴巴商谈投资的，通过与马云的几次接触，他被马云的思维和激情所征服。后来，当他表示要放弃国外 75 万美元的年薪，加盟到阿里巴巴领取每个月 500 元薪水时，马云也不禁吓了一跳。

雅虎搜索引擎及其许多应用技术的首席设计师，并获得过美国授予的搜索引擎核心技术专利的吴炯，于 2000 年加盟阿里巴巴。

2001 年，有着通用电气 16 年工作背景的关明生加入了阿里巴巴，并就任 COO（首席运营官）。

2003 年，微软（中国）原人事总监和联想网站原财务总监加盟阿里巴巴。

……

究竟是什么让这些出色的人才纷纷加盟阿里巴巴呢？毫无疑问，吸引人才的是事业，马云构想的阿里巴巴的宏伟蓝图，对每个网络技术人员都有着难以抗拒的诱惑力。而关键在于，如何给团队以源源不断的新鲜思想刺激。马云找到了行之有效的方法，那就是激情。

他不仅让自身充满激情，还把激情带进了阿里巴巴团队。激情，让"十八罗汉"牢牢地守住阿里巴巴；激情，让阿里巴巴这棵大树愈发生机盎然；激情，凝聚起全体阿里巴巴人的热情和奋进。"这恐怕是中国笑脸最多的一个公司，而且执行力超强，但我也不知道为什么。"阿里巴巴 B2B 公司前 CEO 卫哲曾对阿里巴巴人的激情疑惑不已。

总之，激情总是与梦想如影随形。马云将激情写进了阿里巴巴的价值观，他说，年轻人就要有激情，但是要有那种持续不断的激情，那才是真正有价值的。丢掉项目可以，失去客户也不要紧，但是不能丢掉做人的追求。这就是激情。

# 第一课　梦想与激情
## 创业路上需要激情、执着和谦虚

**创业关键词：激情**

有些人，创业时期是很有激情的，但激情来得快，去得也快。所以，我希望你们的激情能保持3年，保持一辈子。

——马云

美国社会学家安罗·凯思认为，一个成功者应当具备10个方面的素质和条件。这些素质和条件分别是：

（1）要有激情；

（2）要有较强的适应能力；

（3）专心致志；

（4）可以广泛地收集信息资源；

（5）可以树立个人威信；

（6）坚忍和毅力；

（7）乐观积极；

（8）有创新意识和能力；

（9）目标明确；

（10）时间观念强。

安罗·凯思认为，"激情"在这些素质和条件中首屈一指。激情是一种宝贵的品质，更是一种坚强的情绪，催发人们积极地完成内心想要完成的事情。有时，伟大的激情可以战胜一切。

有一次，美国作家菲尔普斯到一家袜子专卖店买袜子，一位少年店员热情地迎了上来，问道："先生，您想要点什么？您知道吗？我们这家店可是世界上最好的袜店。"说着，他从一个个货架上把一只只精致的小盒子拿下来，并且把里面的袜子全部展示给菲尔普斯看。

菲尔普斯有些惊异地看着这个只有十六七岁模样的少年，不禁善意地提醒他:"请等一下,小伙子,我只需要买一双袜子。"

"没关系,"年轻的店员说,"不过,我想给您看看这些袜子有多么精致!实在是太棒了!"店员的脸上洋溢着庄严和神圣的喜悦,那神情仿佛是在向菲尔普斯展示他所信奉的宗教玄理。

这让菲尔普斯感到很惊奇,他对这个年轻的店员产生了浓厚的兴趣,反而忘记了自己要买袜子的事。他稍稍犹豫了一下,对那个店员说:"小伙子,假如你能每天都保持这样的状态,保持这种激情,不出10年,你肯定会成为美国的短袜大王。"

果然,不到10年,这个年轻的店员就成了美国有名的短袜大王,而他赢得成功的关键,就是他的激情。

有人说,人可以没有财富,但不能没有精神;可以平凡地生活,但不能失去生活的激情。同样的道理,在面对梦想时,我们更需要激情,让激情点燃奋进的火把,点燃前进的动力,用心中永不磨灭的梦想和脚踏实地的坚持,赢得梦想开花的灿烂美景。

## 第二课　行动与坚持

"我们应该为结果付报酬，为过程鼓掌。"

　　我觉得最大的经验就是千万不要放弃，要勇往直前，而且要不断地创新和突破，突破自己，直到找到一个方向为止。我觉得还有更重要的一点，我们今天面对将来的信心是来自我们前5年的残酷经验。

　　今天很残酷，明天更残酷，后天会很美好，但绝大多数人都死在明天晚上，而见不到后天的太阳，所以我们干什么都要坚持！

——马云

## 1. 不给自己留退路

成就自己的永远是我们的敌人。商场上，成就一个大型企业的是这个企业在发展过程中遇到的一个个竞争对手。

中国有句古话，"开弓没有回头箭"。在创业的道路上，会有失败，也会有挫折，但就是没有回头路，除非你不想成功。包括马云在内，当今中国互联网的领军人物马化腾、张朝阳、李彦宏、周鸿祎、丁磊等，无不在创业的道路上跌倒过多次，又爬起过多次，最终取得了现在的成就。马化腾创业之初，因仿照 ICQ 开发 OICQ 而被 ICQ 告上法庭，最终败诉赔款。不得已之下，他将 OICQ 改为 QQ。2000 年第一次网络泡沫时，马化腾进入最困难的时期，险些将 QQ 以 60 万元的价格卖给深圳电信数据局。张朝阳在 1999 年到 2001 年的"长征"过程中，一个人强撑整个搜狐的管理，"30% 的精力应付董事会，40% 的精力应付媒体，只有 30% 的精力用在产品上"。在随后的三四年中，张朝阳宣称用"中医的方式"将搜狐带上正轨。周鸿祎干的第一件轰轰烈烈的事情是把 3721 做起来了。开始时，因为没有"海归"这个标志，周鸿祎融不到资。后来，3721 和百度在中文搜索市场平分秋色；再后来，"3721 本来是最有机会在中国与百度逐鹿搜索市场的，但是由于决策失误，3721 被葬送掉了"。2005 年百度在纳斯达克上市时，3721 死掉了，所有市场份额全部归了百度。周鸿祎则得了一个"流氓软件之父"的骂名。后来，周鸿祎"在道德的显微镜下"把 360 做起来了。

成功从来都不是容易的，前途光明，道路曲折，在跋涉的过程中，

## 第二课　行动与坚持
### 我们应该为结果付报酬，为过程鼓掌

有退路的人遇到坎坷崎岖往往会打退堂鼓，放弃前进。而没有退路的人只能硬着头皮坚持走下去，当然，坚持的结果就是离成功越来越近。

马云本是一个端着铁饭碗的大学老师，当他决心创业后，毅然与妻子一起辞去旱涝保收的教师工作，投身到当时在中国尚不明朗的互联网领域。为了创业，他甚至连房子都卖了。

他的行为在别人看来实在是太冒险、太疯狂了，完全没有给自己留退路，万一失败了怎么办？当然，马云没有给自己失败和退却的机会，他相信自己能够成功，而且必须成功。他认定了方向，坚定地干下去，不畏一切艰难险阻，几年后，全世界都看到了他的成就——阿里巴巴成了世界上最大的电子商务网站之一，在中国更是独占鳌头，"拿着望眼镜也找不到竞争对手"，业务遍布全世界。

而马云自己，从一位普通的英语老师演变成世界知名的财富英雄，被著名的"世界经济论坛"选为"未来领袖"，被美国亚洲商业协会选为"商业领袖"，是50年来第一位成为《福布斯》封面人物的中国企业家。

不给自己退路，是创业的一种态度；克服困难，化压力为动力，是创业的一种境界。一个成功的创业者一定是一个意志坚定的智慧者。对于创业者来说，不留退路，勇往直前，是保证企业发展壮大的前提；引而不发，积蓄力量，瞄准目标，力求一击即中，是保证企业发展壮大的策略。

### 创业关键词：切断退路

发令枪一响，你是没时间看你的对手是怎么跑的。只有明天是我们的竞争对手。

——马云

传统的智慧讲究凡事要留有余地，而这个退路便意味着一份安稳，一份可进可退的凭借。这份安稳也常常成为成功的阻碍与懈怠的根源。寻求退路的原因无非是害怕失败，恐惧未知。然而，成功的翅膀如何才能承载如此多的顾虑与迟疑呢？因此，当我们学会抛下烦琐的欲念，斩断纷扰的退路，前方的道路也许会瞬间豁然开朗。

有一个很有名的美国科学家做的"青蛙实验"：一只青蛙在一个盛满了水的锅里悠闲地漂游，而锅底的火正在不温不火地加热着，青蛙对此毫无知觉，而等到水热得不能承受时，青蛙却再也跳不出来了。相反，倘若将一只青蛙猛地掷入滚开的沸水中，它却可以本能地骤然跃起而逃生。

由此可见，很多时候不给自己留退路，实质上是给自己一条出路。人总是在慢慢地等待中消耗了自己，而在无谓的等待和适应中，消磨掉的是自己的信心和能力，就如同在逐渐加热的水中的青蛙，最后不知不觉地埋葬了自己。

著名武侠小说作家金庸，在一次接受记者采访时坦言，他的很多作品都是被"逼"出来的。诧异的记者细问究竟，金庸讲述了自己主动被"逼"、自断退路的事。原来，金庸在创作《连城诀》时，曾经产生了厌倦懈怠的情绪，有时一天连1000字都写不出来。为了从这种状态中走出来，他索性主动与报社签订了连载合同，在合同中约定自己每天必须完成多少字，否则就算违约，要承担赔偿的责任。在这样的压力下，他努力克服自身的坏情绪，终于平复了心态，全身心地投入到写作中，最终以每天5000字的速度，提前完成了这部小说的创作。

人生如同一次漫长的征程，所有人都在自己的路上前行、奔波。这条路时而平坦宽敞，时而崎岖不平，但是，只要我们敢于切断自己的退路，坚定不移地向前走，就一定可以绝地而后生，到达胜利的终点。

第二课 行动与坚持
我们应该为结果付报酬，为过程鼓掌

## 2. 有志者，事竟成

很多人都知道马云曾经参加过 3 次高考，2 次均落榜。他第一次参加高考的时候，数学仅仅得了 1 分，灰心的他准备去当临时工。和他一起去找工作的还有他那长得高大帅气的表弟，他们到一家宾馆应聘，结果宾馆录取了他的表弟，却将他拒之门外。之后一段时间，马云做过秘书，还当过搬运工。

后来，马云的父亲给他联系了一份给杂志社送书的活。有一次，马云到浙江舞蹈家协会为协会主席抄写文件，在那里第一次读到了路遥的代表作《人生》，并且意识到：人生的路虽然漫长，但是关键时候就那几步。人生的路从来不是平坦、笔直的，人应该学会坦然面对生活中的坎坷和困难，勇敢地面对生活。于是，他决心复读，第二次参加高考。

这一次，马云的数学考了 19 分，总分也离录取分数线相差甚远。这次失利让本来还对他抱有希望的父母也差点死了心，觉得他不需要考大学了。

再次遭遇失败的马云，经常骑着破旧的自行车在杭州的大街小巷里穿行。当时一部从日本引进的电视剧《排球女将》正火热上映，剧中小鹿纯子的执着深深地打动了马云，他决定第三次参加高考。尽管父母对此极力反对，但他还是决定白天上班，晚上读夜校。每逢周日，他还特意早起赶一个小时的路程，到浙江大学图书馆学习。

经历两次高考失利的马云，开始了绝地反击。就在他第三次高考的前三天，一直对他的数学成绩极度失望的余老师对他说了一句话："马云，你的数学一塌糊涂，如果你能考及格，我的'余'字倒着写。"这句话彻底惹恼了马云。

考数学的那天早上，马云不停地背 10 个基本的数学公式。考试时，他采用了最直接的办法——将这 10 个公式逐题套用。走出考场后，马云和同学对完答案，不禁长舒了一口气，知道自己肯定能及格。最后，他的数学考了 79 分。这个分数并不值得称道，甚至还有些可怜，但是马云自认为是"运用了独门武功才过去的"，为了及格，他把每种题型都背了一遍。

这种以文科方法应对数学题的路子，估计只有马云敢于尝试。据说马云对选择题也动了脑筋，进行分类，结果歪打正着，终于及格且突破 70 分大关，这不禁让周围的人对他刮目相看。然而即便如此，马云在数学上的"突飞猛进"依然没有将整体成绩拉升至本科录取线。

幸运的是，本以为又一次失利的马云，以自己的坚持收获了一份意外的惊喜。由于所报考的专业招生名额未满，他居然误打误撞被杭州师范学院本科录取了，经调配进入外语本科专业，吃到了这个"天上掉下来的馅饼"。

从杭州师范学院外语系毕业后，马云成为一名英语教师，几年后他决定下海。他拿着和同事一同筹集的 3000 元，租了房子，成立了海博翻译社。结果第一个月的营业额还不到 600 元，而房租已经花掉了他们的大半资金，工资更没有着落了。面对这样的困境，他们依然没有选择放弃，而是靠卖小商品来维持运营，继续坚持。

第二次创业时，马云将目光投向了"中国黄页"，这个项目是建立在互联网的基础上的。互联网是马云在美国接触到的，在当时的中国还不成熟，但马云却从中看到了机会。回国后，他马上和朋友商量要做互联网，翻译后称之为"因特网"。当时马云身边有 24 个朋友知道他的打算，但几乎所有人都对此持反对意见，只有一个人说："要不你试试吧，不行再回来。"

经过反复思考,马云还是决定要做。为了让互联网的功能为更多的人所了解,马云逢人就谈互联网,耐心地做客户的工作。终于,他的努力得到了回报,中国第一个电子商务网站诞生了。在随后不到10年的时间里,会员多达350万人,收入达到几个亿。

 **创业关键词:毅力**

**永远不要和别人比幸运,我从来没有想过我比别人幸运。我也许比他们更有毅力,在最困难的时候,他们熬不住了,我可以多熬一秒钟、两秒钟。**

——马云

俗话说,蚂蚁可以游遍深山老林,而两头蛇却永远也走不远。无论多远的路,只要一步一步坚持走下去,总能走完;而无论多么近的路,不迈开双脚,永远也无法到达。英国著名哲学家罗素说过,伟大的事业根源于坚韧不拔地工作,以全部精力去从事,面对艰苦不逃避,不退缩。

新东方创始人俞敏洪曾经说过一个幽默的段子:大学毕业时,他的成绩依然排在全班最后几名。但是,当时他已经有了一个良好的心态。他知道他在聪明上比不过同学,但是他有一种能力,那就是持续不断地努力。在毕业典礼上,他说:"大家都获得了优异的成绩,我是我们班的落后同学。我想让同学们放心,我决不放弃。你们5年干成的事情,我干10年;你们20年干成的,我干40年。如果实在不行,我会保持心情愉快、身体健康,到80岁以后把你们送走了我再走。"

当我们向目的地奔跑的时候,不要忘记我们绝大部分时间是在路上。生命的价值恰恰就在于我们在这个过程中是否可以坚持下去,将自己锻造成更出色的人。

百度在创业初期可谓历经艰难险阻，困难重重。百度是中国的谷歌，谷歌所处的环境是美国，互联网的发源地，有着众多的网民，生长环境非常优越。但是，百度创立的时候，很多人还不知道互联网，全国网民也才近千万，信息比较匮乏，人们上网就是收发邮件、浏览新闻、聊QQ，纯粹就是服务，没有什么盈利模式，只有出账，没有进账，是非常难受的事情，一种等死的感觉。后来，李彦宏在购物排队的时候发现了竞价排名的收费模式，这才带领百度走出了困境。他在最艰难的时候没有选择放弃，所以才有了今天的成就。

腾讯QQ更是如此，那个时候聊天的人倒是不少，但是没有人愿意交钱，空有百万用户，收入却少得可怜。负载百万用户的成本也是不低的。最困难的时候，他们利用技术接活，养着小企鹅，最终成长为了现在的帝企鹅。

成功贵在坚持，这是取得成功的必经之路。面对失败和等待，不要埋怨不休，这一切其实都是实现成功必须跨越的沟壑。在这个过程中，我们收获的不仅仅是成功本身，更重要的是对自身意志和心态的磨炼，对生活和生命的体验、感悟。

## 3. 小聪明不如傻坚持

2008年，马云在杭州第五届中国网商大会上讲话时说："我想'做多久'是很多企业经常纳闷的一个问题，很多企业一年换很多行业，但其实第一天你看好这个行业，就应该坚持走下去。"当年阿里巴巴刚刚起步时，很难招到员工，马云开玩笑地说："把大街上能走路的都招进来了。"后来，这些人中的很多"聪明人"离开公司去创业，但真正成功的却没几个，倒是一直留在公司"没地方去的那些不聪明的人"，随着互联网的迅猛发展，收入越来越高。

"我感受最深的是，到瑞士参加达沃斯世界经济论坛，那里有一个很大的滑雪场，都是陡峭的山，我觉得走下来没问题，于是就走了下来。结果，我绕了一大圈，到最后路都不会走了。所以，这三个原则请大家记住：想干什么，该干什么，干多久。"

由上可知，有时候小聪明还真不如傻坚持，守得住寂寞才能成大器。马云说，其实最愚蠢的人就是那些自认为聪明的人。他以前跟同事玩过当时很流行的"杀人游戏"，同事们串通好让他做"杀人者"，表面上大家还装作不知道，看他一个人在那儿自鸣得意地表演，以为大家都不知道他是"杀人者"。这次出丑让他明白，永远不要把别人当成傻子。其实，员工不会因为你不懂而看不起你，但会因为你说和做不一样而看不起你。

马云在公司内部经常讲的一句话是："很傻很天真地坚持自己的想法，很猛很持久地干下去！"傻，在某种意义上就是坚持，它是马云的人生词典里经常出现的一个词语。早在几年前，马云就说："在未来几年内要一如既往地坚定我们的理想，坚定我们所要做的事情。4年前我讲的一句话今天还是这样讲，我们不会因为媒体、不会因为评论者、不会因为分析师和任何专家的评论改变我们，我们只会因为客户的改变而改变。"

而与此相对应的，是如何反对功利性思维。

创业型企业的价值观修炼靠什么？马云的看法是，越是成长型企业，越要警惕那种功利性的思考。

2001年左右，很多人问马云："你在搞什么？"马云说："我们正在'延安整风'，我们还要搞价值观、使命感。"他们说："怎么那么虚？"马云说："你们呢？赚钱，赚钱，还是赚钱。"

靠免费起家的马云，实际上很反对功利性的免费。2005年，在上海阿里巴巴网商论坛上，马云专门回答了一个用户的提问：

"免费是最贵的，与其花这点时间去免费，不如花一点时间真正去成长。我当时学英文，并没有想到有一天英文会帮我很大的忙。做任何事情只要你喜欢，只要你认为对，就可以去做。我参加过很多论坛，比如财富论坛、达沃斯世界经济论坛，如果你脑子里有一种功利性很强的东西，肯定是很麻烦的。很多我认为对的事情不一定对你有用，但你思考、分析、消化以后肯定对你有用。"

## 创业关键词：脚踏实地

第一次创业的时候，你想做什么，到底要做什么？不要受外界影响，你自己确定你今天就是要做这件事情。

——马云

创业从来不是什么"高大上"的理论，而是脚踏实地地走。在当

## 第二课　行动与坚持
### 我们应该为结果付报酬，为过程鼓掌

前现实的狭隘、残酷之下，只有拥有高尚的理想、全面的计划，每一步的行动都能想到远大前程，脚踏实地地稳步前进，才能有所成就。

也许，在这个或长或短的过程中，我们偶尔会偷懒，偶尔会试图找寻所谓的捷径，甚至偶尔会放弃，但是，所有的懈怠都会在接近目标的时候遭遇挫折。

约翰·吉米是美国一家人寿保险公司的保险员，他花65美元买了一辆脚踏车，到处拉保险。不幸的是，他的业绩始终是一片空白。但他毫不气馁，晚上即使再疲倦，他也一一写信给白天访问过的客户，感谢他们接受自己的访问，并力请他们加入投保的行列。他每一字每一句都写得诚恳感人。

但是，这一切毫无效果。两个月过去了，他连一个顾客也没有拉到，上司催他也愈来愈紧……

他常常劳累一天回来，连饭也没有心情吃，虽然娇妻温顺体贴，但是一想到明天，他就全身直冒冷汗。他在自己的日记中写道："从前，我以为一个人只要认真、努力地工作，就能做好任何事情，但是这一次我错了，因为事实显然并非如此……我辛辛苦苦地跑了68天，却连一个客户也没有拉到。唉！保险工作对我很不合适，不如换个地方找工作吧……"

但他的妻子劝告他说："坚持下去，就有盼头。"吉米听从了她的劝告。

吉米曾想说服一个小学校长，让他的学生全部投保。但这位校长对此毫无兴趣，一次次地拒吉米于门外。当吉米在第69天再一次跑到该校长的办公室时，校长终于被他的诚心所感动，同意全校学生投保。

吉米成功了！凭着那坚持不懈的精神，他后来成了一位著名的保险推销员。

在现实生活中，人人都有梦想，都渴望成功，都想找到一条成功的捷径。其实，捷径就在你的身边，那就是勤于积累，脚踏实地，积极肯干。

## 4. 非专注无以作为

《赢在中国》第一赛季晋级篇第四场，马云在点评选手钱江时，说了这样一段话：

"钱江，你刚才讲的最大的服务就是电子商务，电子商务本身就是个服务行业。我觉得你这个买卖挺好，因为这两天我听到的绝大多数都讲一千万变成几个亿的伟大事业，中国现在需要的是有个两三百万的投资可以做一两千万的生意。我觉得这挺好，我们就鼓励隔壁王大妈把面店开得更好，开得滋润。中国的创业者要有伟大的梦想，一点一点地做起。你的生意本身为别人做婚介挺好，但这是个服务性的行业，很难标准化，换句话说熊总讲你不需要投资，你用不了那么多钱，而且人才培养很难规模化。我确实在你们两个里面犹豫了很长时间，但我相信观众会选你，所以我不选你了。或者别人会选你，但让我放弃你的最重要的一点是，你在后面回答熊总问题时说这是一个新的挑战。我觉得你太想挑战新的东西，我怕投了钱给你，你又有了新的挑战，人要有专注的东西，人一辈子走下去挑战会更多，你天天换，我就怕了你。"

正如马云所说，其实人生有很多可能，站在不同的角度，就会得到不同的结局。而这一切都是由你最初确立的目标所决定的。马云当初决定要把互联网带进中国后，就力排众议，一心一意做起了互联网的运营。他说过："刚开始做互联网，能不能成功我也没有信心。我只是觉得做一件事，无论失败与成功，总要试一试，闯一闯，不行还可以转头；但是你如果不做，总走老路子，就永远不可能有新的发展。"

## 第二课 行动与坚持
### 我们应该为结果付报酬，为过程鼓掌

一个偶然的机会，马云去了美国。当时很多人和他讲 Internet，但他对 Internet 一无所知。最后他去了西雅图，一个朋友对他说："马云，这是 Internet，你试试看，不管你想搜什么东西，基本上都可以搜出来。"

马云回忆说："说实话，1995 年我连电脑都不敢敲，怕敲坏了，很贵的东西，是要赔的。他说你试试看，没关系。那时 Yahoo 很小，搜索引擎网站很少很少，我敲了一个词"beer"，一下子出现了 5 家啤酒公司，有美国的、日本的、德国的，就是没有中国的。我很好奇地敲了个"China beer"，它说没有；我又敲了一个"China"，还是没有，显示"no data"。我又敲了一个"China history"，Yahoo 页面上出现了一段 50 字左右的简单介绍，我觉得这很有意思，怎么会没有中国的东西。

"我就问这个朋友，这个东西怎么用？他告诉我做一个 homepage，就可以放到网上去，放到搜索引擎里，有人看就会好了。朋友说，你可以试试看能不能做个网站。我说我有个公司，已经开始试着做翻译，把翻译社的简历做成一个网页放在 Internet 上试试看。我们早上 9 点开始做，做好后放到互联网上，在中午 12 点 15 分得到了 5 个反馈。我跑过去一看，有来自日本的、美国的、德国的，最后一封是来自一个海外的留学生，他说，这是在互联网上建立的第一个真正的中国的公司。我觉得这个东西很神奇，才 3 个多小时就有五六个反馈，那是了不得的事情。我说我回去以后反正要离开学校了，我要开始做互联网。"

看着那些要和自己做生意的邮件，马云意识到，互联网日后的前景必然会很光明。他决定回国创业，做一个网站，将国内所有企业的资料都搜集起来，让全世界都能看到。

而马云当时做的这个网站，就是后来的"中国黄页"。

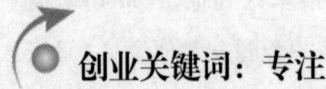 **创业关键词：专注**

很多年轻人是晚上想想千条路，早上起来走原路，而中国人的创业，不是因为你有出色的理想、梦想、想法，而是你是否愿意为此付出一切代价，全力以赴地去做它，一直到证明它是对的。

——马云

尽管马云后来说起自己的创业之路时，说自己糊里糊涂的，看不清未来是什么样。但是他坚信互联网可以改变生活，改变未来，他将全身心投入到这件事情上来。

盛大网络董事长兼首席执行官陈天桥曾告诉记者：他认为，成功的人在很大程度上都是偏执狂，倘若他们认准了一件事，就会一直坚持干下去，不会轻易放弃也不会轻易改变方向，直到有所收获。

全球著名投资家沃伦·巴菲特也将自己的成功归结为"专注"。除了关注商业活动外，他几乎对其他一切如艺术、文学、科学、旅行、建筑等充耳不闻，因此才能够专心致志地追寻自己的激情。也正是源于这样的专注，才诞生了爱迪生这个美国历史上最伟大的发明家，才让大家认识了沃尔特·迪斯尼这位享誉世界的"西方动漫之父"……

在现实生活中，不少人在创业之初都怀有美好的憧憬，而后来之所以失败，就是因为不能专注地做自己想做的事情。爱迪生曾经说过："专注可以将你身体与心智的能量锲而不舍地运用到同一个问题上，而不会感到厌倦的能力……你从早到晚都在做事，是吗？每个人都是如此。倘若你早上7点起床，晚上11点睡觉，那么，你做事的时间就是16个小时。对于大部分人来说，他们一定是一直在做一些事。问题在于，他们做很多很多事情，而我只做一件。"

诚如马云所讲："看见10只兔子，你到底抓哪一只？有些人一会儿抓这只兔子，一会儿抓那只兔子，最后可能一只也抓不到。"倘若一个人太过急切地想把所有事情都做好，那他就会一事无成。有时，能做成事反而会耽误事。那些真正能够成功的人也许并没有做很多事情，但却能够集中全部精力专注做成一件事情。而大多数情况下，一件事情往往足以改变一个人的命运。

## 5. 三流创意加一流执行

知易行难。"行"的难，体现在它的初始动机，也就是人们说的"最开始的那一股子劲"。

马云与孙正义曾探讨过这样一个问题：一流的点子加上三流的执行力，与三流的点子加上一流的执行力，哪一个更重要？结果两人得出了一致的答案——后者远比前者重要。

在激烈的市场竞争中，一个企业的执行力如何，将决定企业的兴衰，是企业达成计划和目标的必然途径。企业强大的执行力，本身就是企业的一种核心竞争力。

阿里巴巴的成功，依赖于高效率的执行力。马云说："阿里巴巴不是计划出来的，而是'现在、立刻、马上'干出来的。"阿里巴巴成立之前，中国对外贸易通道主要靠"广交会"、国外展会或依托既有的外贸关系，并在很大程度上受控于香港贸易中转。而当时中国"入世"在即，很多中小企业迫切需要有自主控制的外贸通道。

马云从外经贸部了解到这一情况后，于1999年成立阿里巴巴，其商业模式也是马云在外经贸部探索出来的。将团队从外经贸部中国国际电子商务中心分离出来以后，马云转向做外经贸部的另一个项目——网上中国商品交易市场，并很快把这个项目的净利润做到了287万元。他通过实践，证明了这个市场的存在和这个商业模式的坚固、健康。

马云认为，阿里巴巴借助互联网能够而且应该肩负起这个使命。

电子商务的大方向定下来了，但具体运作模式却需要仔细思量。

## 第二课　行动与坚持
### 我们应该为结果付报酬，为过程鼓掌

遵循以客户为上的原则，马云受到长城涂鸦（"张三到此一游"）的启发，要求技术人员将内部网站上的帖子分类，利于用户查找。但是，技术人员以这样做违背了所谓的互联网精神为由，拒绝执行。马云发怒了，抓起长途电话吼道："你们立刻、现在、马上去做！立刻！现在！马上！"

实践证明，阿里巴巴网站这种新颖的分门别类的帖子方便了用户，为阿里巴巴带来了爆发式的流量增长。这在互联网泡沫破灭时期可谓奇迹！接下来的事情自然顺理成章了，那些以前不愿多看阿里巴巴一眼的投资客纷纷回头，向马云伸出了橄榄枝。

行动的真谛就在于它的"立刻！现在！马上！"

淘宝网越做越大，其他的C2C一时难以望其项背。支付宝也成为使用最广泛的网络支付平台。重压之下，腾讯的拍拍网、QQ商城、财付通一直无法突破，马化腾的焦急可想而知。怎样才能既巩固自己在即时通讯和休闲游戏领域的优势不至于被旺旺赶上，又能赶上阿里巴巴的支付宝和淘宝网？2011年1月，腾讯推出微信后，形势开始发生了变化。接入QQ，方便导入QQ好友；推出摇一摇、漂流瓶等娱乐功能；支持跨运营商跨操作系统平台快速发送免费语音短信、视频、图片和文字等功能，使微信的注册用户短短两年便突破6亿。在此基础上，腾讯让微信可以绑定银行卡，推出多项生活服务（购物、充话费、缴费等），让用户体验到了更便捷的网络消费模式。借此，腾讯一下子改变了在网络支付领域的劣势，大有赶超支付宝之势。面对这一状况，马云化压力为动力，推出了理财产品——余额宝，另辟市场；同时推出来往并强行要求阿里员工必须使用，以扩大来往市场。

一来一回，创意贯穿其中。不管是马化腾还是马云，都几乎将创意行动发挥到了极致。这两年，由于这两家互联网巨头的创意行动，人们的生活在购物、理财、出行等方面都发生了很大的变化。

打个比方：行动是在通往成功的道路行进，创意是交通工具。动脑

子行动是步行或骑自行车走,创意行动是开汽车走。步行能保证到达终点,只是早晚而已;骑自行车或开汽车则会快一些。

对创业者来说,如果非要创意行动,必须注意二者的关系,也就是说必须要先有创意,然后才是行动。这就是所谓的"想好了再做"。创业者的企业行为于市场而言,创意是一块好的敲门砖,有了好的创意可能会更好地敲开市场的门。这就好比一个拥有了某项汽车专利的企业,比一个尚未拥有相应专利的企业能更快进入市场,也能进入更高层次的市场。但是,执行却是前进的马达。有了专利,没有行动,即使进入高层次、高利润的市场,最终也只能是被淘汰;没有专利,但只要高效行动,完全可以在低层次、低利润的配件市场生存下来,毕竟只有生存下来才能谋求发展。所以,对创业者来说,有创意很好,但更好的是行动。

现在许多企业家喜欢高谈阔论,谈方向,谈战略,而往往忽视了实实在在的执行。马云认为,做企业不仅仅是做创意,创意是企业运营中重要的一环,但它只是一环,更重要的是把每项工作落到实处。他在《赢在中国》第二赛季商业实战篇第二场点评说:"一个没有计划性、不可操作的创意,有的时候只会让大家越来越痛苦,所以在某种程度上,应少创意。要不断地提醒大家,别乱七八糟地想……"

正是由于高效的执行力,阿里巴巴才能一步步走到现在,取得今天巨大的成功。马云不止一次强调:"有时去执行一个错误的决定总比优柔寡断或者没有决定要好得多。因为在执行的过程中,你可以有更多的时间和机会去发现并改正错误。"

由此可见,好的执行力能够弥补决策方案的不足,而一个完美的决策方案,如果不能及时执行,也将毫无意义。可以说,执行力是企业成败的关键。创业者若能对诸如执行力这些影响结果的因素进行规范、控制及整合运用,那么企业就能够提高自身的竞争力。

第二课　行动与坚持

我们应该为结果付报酬，为过程鼓掌

## 创业关键词：马上行动

一个方案是一流的 Idea 加三流的实施，另一个方案是一流的实施加三流的 Idea，哪个好？我们俩同时选择一流的实施，三流的Idea。

——马云

俄罗斯作家克雷洛夫曾说过这样一段话："现实是此岸，理想是彼岸，它们中间隔着湍急的河流，行动则是横跨川上的桥梁。"诚然，好的想法代表着人们对未来的向往，对事业的憧憬，甚至意味着从未体会过的体验和无穷的可能性，意味着意想不到的惊喜。

然而，真正让想法变成现实的人并不多。人们往往因为自己的惰性和懈怠，习惯性地寻找某个外在的理，而自动放弃。

空想家是永远无法收获梦想的果实的。要实现梦想，最好的方法是主动出击、马上行动；要克服懒惰，最好的方法还是主动出击、马上行动。把复杂的问题简单化，不要想太多。陈安之说过："要成功，先发疯，头脑简单往前冲。"

徐波是个在广州打工的湖南人，张勇光是他的朋友。2002 年的一天，他们两人在一起聊天，都觉得长期给人打工不是个好出路。身边不少老乡自己做生意，多少都发了点财，这让他们有点心动，也想做点生意，但是他们没有多少本钱，做什么好呢？想来想去，徐波说，广州有很多湖南人，也有很多湘菜馆，但是馆子不是人人都下得起的。像我们这样的打工仔，一天赚几个钱还不够吃饭的，哪里还有钱下饭馆？有些做生意的老乡手头宽裕一些，偶尔下下馆子没有问题，但若经常下馆子也是承受不起的。对大多数人来说，主要还是在家做饭吃。湖南人的口味比较特殊，做饭用的原材料也比较特殊，而且湖南人比较认死理，乡土观念较重，目前广州还没有专门经营湖南土特产的商店，如果做这一行，说不定会有钱赚。

两人说干就干，马上进行了市场调查，果然，除了一些大小超市有点湖南来的零星杂货外，广州的大街小巷没有一家专门经营湖南土特产的商店。调查的结果让他们大为兴奋。不久，他们合伙投资十几万的湖南杂货店在广州大道南方日报社附近正式亮相，商店取名为"湖南味道"。为了不让人误认为这是随时会飞掉的"野鸡小店"，他们忍痛花一万元请广州书画界的名家李华白题写了"湖南味道"这个招牌。招牌挂出来后，厚重的墨迹果然让人肃然起敬。

在徐波和张勇光的店里，处处突出的都是"湖南味道"，所售货物都是地道湘产，连员工也是非纯正湖南人不用。走进店里，入耳一片湘音。湖南人爱嚼槟榔，不停嚼着槟榔的老板看见顾客进来，常常会问要不要也来上一颗。小店从第一个月就开始盈利，如今"湖南味道"在广州的湖南老乡中几乎可以说是人尽皆知。

请记住英国著名文学家劳伦斯的话："如果想成功，就养成迅速去行动的好习惯。只要仔细观察那些成功人士，我们不难发现，他们之所以会取得成功，并非因为他们的学识有多么渊博，眼光和观念有多么出众，理想和目标有多么远大，秘诀就在于他们能为梦想立刻开始行动。"

## 第三课　思维与视野

"创意构想是过程，执行实现才是结果。"

在我看来，世界上有3种人：生意人，创造钱；商人，有所为，有所不为；企业家，为社会承担责任。企业家应该为社会创造环境。企业家必须有创新的精神。20世纪80年代赚钱靠勇气，20世纪90年代赚钱靠关系，现在必须要知识和能力。我们不能企求于灵感，灵感说来就来，就像段誉的"六脉神剑"一样。阿里巴巴的"六脉神剑"就是阿里巴巴的价值观：诚信、敬业、激情、拥抱变化、团队合作、客户第一。

——马云

## 1. 阿里巴巴的品牌力量

一个企业要想有好的经营成果，响亮而上口的招牌是很有必要的。清代著名红顶商人胡雪岩对此有自己的看法，他说："我想做生意的道理都是一样的，创牌子最要紧。牌子好听，叫得响了，生意自然也就来了，滚滚红利不怕不来。"

马云的阿里巴巴也是如此，马云曾表示，希望把阿里巴巴做成世界十大网站之一，让全世界做生意的人都知道和使用阿里巴巴网站。所以他对公司的要求很严格，即使是名字也要再三斟酌，他要让全世界的人都知道，都能记住。

"阿里巴巴"这个名字的由来有着"无心插柳柳成荫"的妙趣。在苦思冥想名字的那段时间，马云几乎茶不思饭不想，一直在斟酌公司的名字。1998年年末，马云去美国出差，有一天在一家餐厅吃饭的时候，他突然脑子里灵光一现，觉得网络其实就如同一座等待人们去探寻和开发的宝藏，由此他想到了广为流传的阿拉伯神话故事《一千零一夜》，其中有一个故事叫《阿里巴巴与四十大盗》，里面的那句"芝麻开门"几乎家喻户晓。而阿里巴巴这个人物善良而正直，始终希望能把财富分给别人而不是全部占为己有。这一点恰好与马云的公司宗旨和使命不谋而合。

想到这里，马云不禁松了一口气，直觉告诉他这个名字不错，但是，究竟有多少人知道"阿里巴巴"的故事和这个人物呢？他需要一个可以让全世界人都知道，都能叫得出来的名字。

## 第三课 思维与视野
### 创意构想是过程，执行实现才是结果

马云顾不上吃饭了，立马展开了调查。他先是叫来餐厅的服务员，问他听没听说过"阿里巴巴"，服务员立刻微笑着回答他："当然知道了，阿里巴巴，芝麻开门呀！"听到服务员这么痛快的回答，马云十分兴奋，立刻给了这个服务员一笔不少的小费。

随后，他带着难以抑制的兴奋跑到大街上，随便拦住了几个路人，也向他们问了同样的问题，而几乎所有人都知道阿里巴巴，都能说出那句非常有名的"芝麻开门"。大受鼓舞的马云决心对更多的人进行调查。他找到自己分处世界各地的朋友，让他们帮自己做这项抽样调查。结果，朋友们反馈的结果让他在兴奋之余更坚定了自己的信心：无论西方还是东方，无论亚洲还是欧洲、南美，几乎所有人都知道阿里巴巴。马云当即拍板："如果用这个名字，那么全世界的人都能够毫无困难地听懂并且接受它！"

经过一系列认真而缜密的调查，马云终于敲定公司的名字为"阿里巴巴"。然而，意外出现了，加拿大已经有人在网上注册了这个名字，马云太想拥有这个名字了，于是，他毅然决然地在资金极其紧张的情况下，拿出了一万美元买下了这个域名。

后来的事实证明，马云的决策是正确的，这个名字所带来的利益远远不止当初那一万美元。

 **创业关键词：企业名称**

在阿里巴巴这个家族里面，阿里巴巴是大哥，没念过书，是个泥腿子，辛辛苦苦挣钱养家，弟弟妹妹们上学都靠他来供；淘宝网是妹妹，性格活泼，可以拿着大哥给的钱买花裙子、红头绳，每天开开心心，现在已经初中毕业，将来要念复旦大学；老三是支付宝，今年才上小学，但它最有志气，要在未来扛起养家的重担。

——马云

企业的名称包括公司名和产品的商标等，是企业的巨大的无形资产。企业的招牌关乎企业的整体形象，一个好的招牌将会产生巨大的品牌效应，生意自然好做。这是一家公司走向成功的第一步。

中国近代著名红顶商人、富可敌国的晚清企业家胡雪岩，也深谙此道。他在创办自己的钱庄时，就曾为招牌一事费了不少心思。尽管他对题写招牌的遣词用字并不了解，但是他很清楚题写招牌是有讲究的。因此，他特意让王有龄亲自题写。王有龄告诉他，自己也没有题写过招牌，不知道该怎么题写，其中有什么要求和内涵。胡雪岩随即给出了几条原则："首先要响亮，叫起来朗朗上口；其次，字眼要与众不同，让人一看就能够不与其他商家混淆；最后，要和钱庄有关，更要吉利。"

根据胡雪岩提出的几点要求，王有龄拟出了"阜康"这个招牌，取义"物阜民康"，完全合乎胡雪岩的要求。胡雪岩念了两遍后，马上笑着同意说："很好！很好！就是它了！"

俗话说，好的开始是成功的一半。对于企业而言，一个好的招牌无疑是一个好的开始，虽然它并非成功的唯一要素，也并非决定性因素，但是它却有助于提高企业的知名度，赢得更好的口碑。

第三课 思维与视野
创意构想是过程，执行实现才是结果

## 2. 创新是核心竞争力

马云曾经说过："企业家应该为社会创造环境。企业家必须要有创新的精神。"

对于创业者和他们的企业来说，创新就是空气。没有了空气，人无法生存；没有了创新，企业无法生存下去。

创新很重要，但是，创业者也必须明白创新并没有那么神秘。不是说非得创造一项新技术，或者发现什么惊天动地的理论才是创新。事实上，对于创业者和创业者的企业来说，创新要从小处做起。所谓生活处处皆有创新，任何一个方面的变化，都可以说是创新。

在一次演讲中，马云说："我们和竞争对手最大的区别，就是我们知道他们要做什么，而他们不知道我们想做什么。我们想做什么，没有必要让所有人知道。"马云的话无意中道出了创新的几个特点：别人不知道的，不要让别人知道。换句话说就是，只要你的竞争对手不知道你在做什么，你所做的就可以算是创新；另外，你所做的创新，不要让别人知道。

1995年，马云创立海博翻译社时，因为英语好，受朋友所托，去了一趟美国。他在美国无意中参观了VBN，然后又无意中见识到了Internet的神奇。回国后，他成立了我国第一家互联网商业公司——杭州海博电脑服务有限公司。在此之前，20世纪60年代，美国人搞出了阿帕网；70 年代初，有 50 多所大学接入阿帕网；80 年代中期，美国国家科学基金会将大学和研究机构的计算机网络连在一起，建立了 NSFnet。这个 NSFnet 就是 Internet 的前身。可见 Internet 在马云创建中国黄页时早已不是什么新鲜事物，只是当时中国还没有多少人了解。于是，这便成了马云的创新所在。而且，何止是竞争对手不知道他在干什么，甚至连他的朋友都不知道。

有的时候，创新的陷阱是为了创新而创新。无目的地创新，或者说盲目地创新，是创业者在对创新似懂非懂后容易犯下的错误。创新是一种改良，不能把它变成一种想当然的革命。比如，我们用两根筷子一个碗吃饭，就不能改成一根筷子两个碗吃饭；或者说逼着中国人抛弃筷子用刀叉，这些都不能叫创新。当然，这样的创新不一定会带来什么恶果。而对企业来说，不恰当的创新有可能会带来灭顶之灾。

2010 年，谷歌推出 Buzz，使得用户可以在谷歌 Gmail 邮件服务中与他人分享各类信息（图片、网络链接以及其他内容）；另外，Buzz 可以自动加载好友的活动信息，并为用户自动建立相应邮件发送列表。但是，这款 Buzz 在内测阶段即遭到多方质疑，批评它会让用户的隐私更容易被泄漏，怀疑其安全方面存在问题。Buzz 的技术不可谓不新，但是却以一种超然的姿态忽略了用户对个人隐私的重视，其下场便成了可以预见的事。这就是为了创新而创新的一个鲜活的例子。

创业者往往都跃跃欲试、激情澎湃地想要创新，试图制造出新颖独特的产品。但是，光有激情和创新是不够的，创新不是一个孤立的事件，还需要有好的制度、团队及盈利模式，这样才能带来现实的利润。

## 第三课 思维与视野

创意构想是过程，执行实现才是结果

 **创业关键词：创新**

创新无模式，创新就是你的感触，你对问题的看法。

——马云

"创新思维"近年来已经越来越多地走进我们的生活和工作中。所谓创新思维，是指人们运用已有的知识和经验增长开拓新领域的思维能力，也就是说在思维领域中追求最佳、最新知识的独创思维。

爱因斯坦曾说："创新思维只是一种新颖而有价值的、具有高度机动性和坚持性、能清楚地勾画和解决问题的思维能力。"可见创新思维并不是天生的，而是人们在学习和实践中不断培养和发展起来的。

企业者头脑里的创新思维是否活跃，将直接关系到企业的存亡。谁能够抓住创新思维，谁就能成为胜利者，反之，谁就是平庸者。

美国著名的社交网站Facebook的创始人马克·扎克伯格，被人们誉为"盖茨第二"，而他曾经是哈佛大学计算机和心理学专业的辍学生。据《福布斯》杂志的保守估计，他拥有大约135亿美元的身家，同时也成为世界上最年轻的自行创业的亿万富豪。

在竞争激烈、日新月异的互联网时代，马克·扎克伯格究竟是如何在无数创业者中崭露头角的呢？当无数的创业大军还在沿着旧有的方向和途径进行艰苦创业的时候，2004年2月，正在哈佛大学主修计算机和心理学的马克·扎克伯格突发奇想，想要建立一个专门为哈佛大学学生提供交流平台的网站。

于是，他和两位室友一起，废寝忘食地开始编写网站程序，一个星期后，一个专门为哈佛学生提供互相联系平台的网站 Facebook 诞生了。Facebook 一经推出，即风靡整个哈佛校园。几个星期内，哈佛大学部超过一半的学生都登记加入了会员，并且主动提供了包括姓名、住址、兴趣爱好和照片等最为私密的个人信息。

学生们利用这个免费的交流平台，可以随时掌握朋友的最近情况，和朋友聊天，结交新的朋友。不久，这个网站迅速扩展到了全美主要的大学校园，甚至包括加拿大在内的整个北美地区的年轻人，都对这个网站产生了浓厚的兴趣。如今，它的影响力更是遍及全球。到年底的时候，Facebook 的注册人数已突破 100 万，马克·扎克伯格干脆从哈佛退学，全职营运网站。

马克·扎克伯格在 2010 年接受《连接》杂志访谈时表示，他还在为最初的目标而努力："我最关心的就是，如何让世界更开放。"同年 7 月 21 日，马克·扎克伯格宣布他的站点会员已经达 5 亿人。在被问到关于未来的发展策略时，他表示："如果就我们网页平均的广告搜索率而言，其实点击率仅仅占我们网页的 10%，但它被要求达到 20%……要做这件事并不困难，然而我们并不想这么做，我们已经赚得够多了。是这样的，我想说的是，我们正走在我们想走的路上。"

创新与创业是紧密联系在一起的，有了创新，创业才有可能成功。创新并不需要天才，创新只在于找出新的改进方法。任何事情的成功，都是因为能找到把事情做得更好的办法。

创新之路没有尽头，它是在实践的基础上产生的。踏破铁鞋无觅处，得来全不费工夫，创新者往往会有这样的顿悟。

## 3. 学习是最便宜的投资

在这个世界上,并非书读得少就必定无法取得创业的成功,只要肯在社会上不断学习,就有希望获得最后的胜利。小学毕业的李嘉诚,现在是香港长江实业集团有限公司董事局主席兼总经理;高中毕业的李书福,自己创办汽车企业,现在是吉利集团的董事长。他们之所以能在读书不多的前提下取得创业的成功,就是因为他们都懂得在社会上继续读书、继续学习。

马云本科及硕士的专业都是外语,他的知识结构主要是在语言、翻译方面。这或许也是他 1992 年第一次创业,就选择成立海博翻译社的缘故。1995 年,马云作为翻译首次访问美国,参观了西雅图一个朋友的网络公司,亲眼见识了互联网的神奇,并且首次接触到了互联网。回国后,他开设了制作主页的公司"海博网路"。后来,他又创办了"中国黄页"。1999 年,他创办了阿里巴巴网站,开始了他的电子商务之旅。电子计算机、网络,这些都与马云的外语专业相隔甚远,但不得不说,是马云的外语技能为他打开了一扇与世界沟通的大门。倘若不是他优秀的翻译才华,也不会有这一段经历,更不会有他日后的广阔天地。当然,互联网并非马云所长,这也是他创业过程中的一大知识缺憾,所幸的是,马云善于运用他的管理才华,去聘用精通互联网的人才来弥补这个缺憾。

这也正如马云在《赢在中国》节目中所说:"创业者往往是开拓者,你在 MBA 学了很多知识,未必可以让你去创业。创业者最大的快乐就在于在创业的过程中去学习，去提升。很多时候是创业者因为自己搞不清楚而去创业，当你搞清楚以后就不去创业了，所以有的时候创业者书读得不多没关系，就怕不在社会上读书。"

马云还为创业者奉献了"加速创业成功的五种好习惯"，其中之一是"学习的习惯。学习是最便宜的投资！"在所有的投资中，学习是最没有风险而且回报率最大的投资。创业者应加强学习意识，不断拓展自己的视野，提升自己各方面的能力，才能更好地应对未来的挑战，创造更多的辉煌。

## 创业关键词：学习

20世纪80年代挣钱靠勇气，90年代靠关系，现在必须靠知识和能力。

——马云

很多人都觉得，走出校门就意味着自己的学习生涯告一段落。而事实上，离开学校步入社会，真正的学习才刚刚开始。我们在学校里学习的东西很有限，很多在工作和生活中需要的知识，老师并没有传授给我们，而需要我们在实践中不断学习和摸索，甚至创造。

我们身处的时代是一个快节奏、变化快的信息时代，要想让自己具备良好的生存和发展能力，就要不断地从社会这本大书中汲取营养，学习我们需要的知识。

李梅研究生毕业后，进入了一家大型国企。从在学校里的顺风顺水，到找工作的一帆风顺，李梅对自己显然颇为满意。她对自己的职场之路也满怀希望，坚信自己可以干出一番事业来。

然而，上班第一天她就遭遇了尴尬。经理让她跟着老员工熟悉工作环境和流程，了解一下日常工作的范围和内容。但是，李梅对此很不以为然，觉得一个名牌大学的硕士毕业生，屈居在一个仅有大专文凭的员工下，实在是个笑话。所以，当老员工认真向她介绍公司情况和工作内容时，她心不在焉地敷衍答应着。

之后，李梅负责独立完成一份报告，她想，这还不是拿手小菜吗？她很快就把报告写好了，也没有让老员工帮忙审阅，就直接给了经理。她本以为会得到夸奖，没想到却被经理劈头盖脸地批评了一顿，原来报告中居然有好几处常识性的错误。经理让她好好向老员工学习，不要眼高手低。她心里虽然不服气，但也只得老老实实地向老员工学习。

一段时间后，李梅发现自己的想法该改改了，那些她本来没有放在眼里的老员工，居然有很多值得她学习的地方。她不得不暗自嘀咕：社会这本书太深奥了！

我们每个人都需要不断进步，不断完善自己，以适应这个日新月异的时代。所以，走出校门只是告别一个学习的阶段，新的学习课程已然展开。我们需要踏实、认真地读好社会这本书，用心去研究，只有这样才能不断地提升自己。

## 4. 换个角度看世界

很多人都觉得马云是来自火星的异类，不仅长相怪异，行为也与众不同。而马云也很配合这个角色。据说他有一个绝活：单手倒立。他可以用一只手支撑身体倒立坚持数分钟。他说："当你倒立时，世界会变得不一样。"他有句口头禅：倒立看世界，一切皆有可能。

当然，仅仅依靠倒立远远无法满足一个公司生存的需要。然而马云的逆向思维是与互联网时代的法则与时俱进的——站在客户的角度来看问题，而不只是站在自己的角度看问题。有时候，客户是你的上司；有时候，客户又是你的员工。现实中，大部分经理人都是先站在个人的立场上考虑问题，如果换一个思路，学会站在公司的立场上考虑问题，就更容易让自己脱颖而出。

马云年轻时特别崇拜日本电视剧《排球女将》的女主角小鹿纯子。纯子遇到困难时就倒立的举动深深地吸引了他，他觉得倒立是一个化险为夷、转危为安的法宝。后来他开始创业，在"非典"那段困难时期，他苦苦思索如何让公司走出困境。有一天，他看到一幅画，画上有很多鱼，大家争先恐后地往一个方向游，只有一条鱼是朝着相反的方向游。而这幅画的题目就叫《换个方向，你就是第一》。这让马云突然意识到：如果让淘宝网换一个方向，也许我可以第一个到达终点。于是，他想到了通过练倒立，来让员工学会倒立着看世界。

随后马云在公司里做了一个特殊规定：每个加入淘宝网的成员，无论男女、胖瘦、高矮，都要在 3 个月内学会靠墙倒立。男性需要坚持倒立超过 30 秒钟才算过关，女性则需要达到 10 秒钟，否则将会被拒之门外。为什么要练习倒立呢？马云的解释是，一来可以锻炼身体，不需要借助体育器械，训练也方便；二来通过练习倒立，让大家练习用另一种视角来看待问题，从而养成"换位思考"、"逆向思维"、"多位思考"的习惯，有助于创新精神的培养。

自此，"倒立"成了阿里巴巴企业文化的一个重要元素。2008 年 8 月的一天，秘书突然接到马云的电话："走，跟我去淘宝网！我今天要临时抽查，让所有高管都给我倒立，看看他们会不会。"就这样，在淘宝网专门设立的倒立室里，每一位高管都轮流在马云面前演示倒立。最后，有几个高管没能完成。对此，马云扔下一句话："限期整改，过段时间复查。"结果，几位没有过关的高管人员，不得不反复练习以掌握倒立的技巧。

倒立思维的结果，就是外界所看到的特立独行的马云。他总是不断打破常规，在与竞争对手过招时，也经常出其不意，令人难以捉摸。马云还有很多令人匪夷所思的"倒立观"，他信奉一个理念——永远不做大多数。

"如果一个方案有 90% 的人都说好的话，我一定要把它扔到垃圾桶里去。因为这么多人说好的方案必然有很多人在做了，机会肯定不属于我们。"所以，马云没有像众多商家一样聚焦在炙手可热的门户网站，而是将目光投向了在国外市场上运行不利的 B2B 模式。他没有擒贼先擒王，与大型企业巨头们进行商谈，而是专攻中小企业；他没有虚张声势地打造影响力，将大把的钱用来做广告，而是出其不意地玩起了"西湖论剑"，前来捧场的贵宾中居然还有前美国总统克林顿；他也没有在互联网如日中天的鼎盛时期，盲目跟风，而是将高盛公司1999年的500万美元的风险投资一直用到了2005年。

由此可见，逆向思维可以构成核心竞争力，这也是马云在倒立后领悟到的逻辑，所以他总能让自己冷静下来，以不同的视角看透时局。当阿里巴巴一天天壮大，马云也以"反其道而行之"的商业思维，成为典型的、具有反常规精神的企业家代表。

### 创业关键词：逆向思维

大企业买得起别墅，大企业你去用美国的套路，你可以住在别墅区，买不起别墅的肯定就要去住公寓，去住两居室了，所以我们这些人就是给他们做两居室。

——马云

有句话说得好，你顺着河流走，可以发现大海；逆着河流走，可以发现源头。很多事情常常是两极相通的，我们既可以从常规的方向思考，也可以从相反的方向思考。从常规的方向思考解决不了的问题，通过逆向思维往往会得到全新的解决方案，有时还会得到令人喜出望外的收获。

## 第三课 思维与视野
### 创意构想是过程，执行实现才是结果

留声机的发明对爱迪生来说，就是一种意外的收获。有一天，爱迪生在研究改进电话机，由于听力不好，为了感觉振动，他将一根针固定在炭质薄膜上，用手指去接触针的另一端。这样，当他冲着电话机说话的时候，手指也能感觉到它的振动。

这时，他的脑海里突然产生了一个奇妙的想法：如果这根针可以感知声音的振动，不就可以把声音记录下来了吗？假如这根针的振动可以依循声音留下的痕迹，那么原来的声音不就可以随之重现了吗？

这个想法实在是够大胆而富有创意。自古以来，谁也没有想过要将声音留下。想要贮存声音，就需要留存声音振动的痕迹。爱迪生想让声音在相对柔软的锡箔上移动，以便刻下纹路。而且这些纹路不能重复，否则声音就会模糊不清。为了留下不重复声音的刻痕，就要把锡箔围在一个圆筒上面，说话的声音不停地引起钢针的振动，钢针不断地在转动着的锡箔上刻出纹路。

几天之后，爱迪生构想中的奇怪的机器诞生了。之后他又对这架机器进行了改进，自己感觉满意了，便带着它来到有名的《科学的美国人》杂志的主编比蒂的办公室，在桌子上打开了这台机器。比蒂看了看桌子上那奇怪的机器，问道："爱迪生先生，这是什么呢？"爱迪生笑而不答，他摇了几下曲柄，机器开始运转，并且开始说话："早安，先生，你知道留声机是什么东西吗？"比蒂听了大吃一惊，不知道声音究竟是从哪里发出来的。爱迪生看见比蒂的样子，不禁哈哈大笑起来。

就这样，留声机向新闻界宣布了自己的诞生。

面对问题的时候，很多人都习惯按照常规思路去思考，但这也意味

着早就有很多人那样想过了。所以，如果你不满足于重复别人的思路，不满足于停留在别人已经达到的高度，而期望有新的突破、新的创造，那么不妨反过来想一想！逆向思维可以让我们的生活变得更加有趣，常规的思维方式虽然会相对简单，但却容易使思路僵化、刻板。只有摆脱习惯性思维的束缚，才能够给人耳目一新的感觉。

创意构想是过程，执行实现才是结果

## 5. 适合自己的才是最佳方向

我们知道，很多温州商人都是从小商品做起，在创业初期往往受困于资金、技术和经验。另一个现象是，中国的创业者中有很大一部分在半途就夭折了，而这种情况又多数发生在中小企业身上。马云爱武侠，喜谋略，他的"七剑下天山"第二剑中就有"以小搏大，因地制宜"的精辟论述。

阿里巴巴在创新方面一直做得很好，其模式是首创的，国外没有值得借鉴的。而淘宝之所以能够击败 eBay，就是因为它基于对中国市场的了解，而不是盲目照搬国外的模式。阿里巴巴 B2B 公司前 CEO 卫哲在谈到创新时说："阿里巴巴的创新全部来自于客户，我们不做客户不喜欢的创新，我们的创新在于解决客户的问题。包括马总在内，所有的高管，无论工作多忙，都会去走访客户。"

在马云及其团队的带领下，阿里巴巴从信息流到物流再到现金流，一步步打通了阻碍飞腾的任督二脉，路越走越宽，越走越光明。与银行合作，打造为中小企业主和个体户量身定做的小额贷款，将融资难这道横亘在中小企业面前的墙推倒。它让中国网民认识到，网络信用与银行信用是可以转化的，任何人的信用都是个人在社会中的立身之本。这是阿里巴巴对社会最突出的贡献之一。

当我们探索马云的成功模式，可以从无数个"偶然"中寻找到一些"必然"的痕迹：马云没有"海归"的耀眼光环，却不缺乏洋文化的滋养，说得一口地道的英文；他出身"草根"阶层，深刻了解中国的国情，在自己成长的土地上创业，将自己的智慧毫无保留地奉献给扎根于本土的梦想。对此，有人曾这样形容他，"马云并不比别人更懂'鼠标'，而是更理解'水泥'，更理解中国的用人之道"。他所选择的商业模式在美国、欧洲都找不到现成的模板，却实实在在地生长在中国这块古老的土地上。

马云认为，很多创业者都喜欢在商业做法上模仿大公司，但这种模仿很大程度上是盲目的。很多有过大公司背景的人，都会在自行创业的时候，下意识地照搬大公司的做法来建立自己的一些规范制度。不可否认，必要的规范是有益的，然而大公司基于稳妥的考虑，通常比较慢，但这种"慢"对小公司来说却是致命的。新创业的公司好比一只兔子，却总以为自己是一头大象，用大象的心态做事，在狼面前慢慢踱步，最后的结局只能是被狼吃掉。所以，创业意味着要有创造性的适合自己的做事方式。

创业者不仅不要盲目模仿大公司的做事方法，也切忌抄袭其商业模式。因为我们并不了解那些知名企业在功成名就之前经历过什么，他们是如何一点一滴地积聚能量的，倘若简单地模仿它们的现状，很可能会出现背道而驰的状况。

马云的创新模式得益于他对中国中小企业的了解及其创业团队自身的成长经验。所以，马云曾给创业者这样的忠告："'活下来'才是首要任务。我鼓励大家创业，但这并不等于鼓励大家盲目创业。我对那些想创业的人的提醒是，不要被成功企业所编写的创业故事所迷惑，因为那里讲述的都是一个企业成长过程中过五关斩六将的最精彩部分。相反，你应该像马杰的'雷石'的创业经历一样，用自己的头脑去思考，去学习。"

## 创业关键词：明确方向

小公司的战略只有几个字——活下来，挣钱！

——马云

我们在打高尔夫球的时候，教练常常会教导我们说，方向比距离更重要。因为打高尔夫球需要身体和头脑的紧密配合，每次击球之前都需要仔细观察和思考，同时要调动起手、臂、腰、腿、脚、眼睛等各部位，整体进入有效的配合状态。击球的关键则在于两个"D"，即方向（Direction）和距离（Distance）。最初接触高尔夫球的人，大多只想着如何把球击得远一些，而忽视方向的重要性，事实上，方向比距离更重要！

人生也是如此，倘若方向对了，哪怕速度慢一些，也可以一步步接近成功；然而，倘若方向错了，不仅会白忙一场，还可能拉远与成功的距离。如同航行一样，一个人设定的目标如果遥不可及，又没有指引，多半会因迷途而失败。

几年前，够快从浙江宁波起家时，主要做高清视频缓存加速开发方面的工作。随后，3位创始人认为个人云存储在国内将有较大的市场机遇，同时可以尽可能地避免在内容上的麻烦。于是，够快在2010年底发布了基于个人用户的云存储服务，即够快网盘业务。推出时间甚至早于被阿里巴巴收购的云储存服务厂商酷盘，用户数很快超过百万，成绩最好时跻身全国前五。

不过，他们很快发现，个人云存储对于创业公司而言，似乎不是一门可持续增长的"中国好生意"。一方面，国内个人云存储的大小玩家云集，百度、腾讯、360、迅雷等互联网巨头也有涉足的苗头，这一市场很快将成为厮杀惨烈的红海市场；另一方面，个人云存储服务的商业模式并不清晰，国内的个人用户没有良好的付费习惯，认为免费才是互联网的全部。

2011年底，够快的几位创始人与时任阿里云计算总裁王坚博士商议后，决定将公司由个人云存储全面转向企业级云存储，专注于为企业提供文档协同管理服务。伴随着战略方向的转移，够快也从自己部署实体服务器转向基于阿里云 IaaS（Infrastructure as a Service，即基础设施即服务）的开放式存储服务。

2012年4月18日，够快团队注册成立上海够快网络科技有限公司，正式开启创业的新阶段。够快的转型很快得到了资本市场的追捧。3个月后，够快宣布获得戈壁投资"绿洲计划"的500万元天使轮融资；同年底又获得由红杉资本领投的4000万元的A轮融资，戈壁投资跟投。

实际上，创业方向的调整对于创业者来说，犹如家常便饭。选对方向，才能顺势而为。顺势，首先是顺用户之势，一切以用户需求、用户体验为出发点；其次要考虑市场、行业大势，顺应趋势而不是逆势而上；第三则是结合自身的优势，跟合作伙伴互相借势。能够真正做到以上三点，创业前景才会一片光明。

## 第四课　机遇与挑战

"有时候死扛下去总是会有机会的。"

心中无敌者，无敌于天下。商场如战场，但商场不是战场。战场上只有你死我才能活，而商场上只需要不断地学习。很多企业一上手就是"杀人"，杀这个，杀那个，变成一个职业杀手，天天忙着杀人，他成不了世界一流高手。一流高手眼睛里面是没有对手的。心中有敌，天下皆为你的敌人；心中无敌，无敌于天下。

——马云

## 1. 培养危机意识，有备无患

2007年，当阿里巴巴成立阿里软件的时候，人们开始质疑，马云到底要干什么？马云要做的是，带领阿里巴巴在5个方向上发展：诚信体系、市场、搜索、软件和支付。人们都说阿里巴巴是电子商务公司，但是马云只认可"商务服务公司"的说法。因为他要把阿里巴巴打造成一个"将全球中小企业的进出口信息汇集起来"的平台，要"让天下没有难做的生意"，所以阿里巴巴就不能也不会局限于电子商务领域。以此为目标，阿里巴巴必须具有一些普适性的特点，不仅适应电子商务领域，还要适应非电子商务领域。这样一来，阿里巴巴的一些商业动作就比较好理解了。诚信体系和市场，是所有大企业必须具备的最具有普适性且最重要的两个特点。抓住了这两点，就可以为阿里巴巴未来的发展奠定基础。支付是将虚拟平台与现实经济个体联系起来的最现实的经济手段。通过它，一方面可以让虚拟的线上经济向线下发展，另一方面让现实的经济个体可以比较容易地跨越数字鸿沟。这是打通任督二脉的最便捷的途径。

今天，支付宝已经成为业内老大，这强有力地说明了马云的高瞻远瞩。即使腾讯的微信大行其道，即使阿里巴巴的来往一直做不起来，但是，因为有了支付宝，有了之前做的市场和搜索等方面的工作，马云仍可以稳稳地把持中国电子商务市场B2B、B2C和C2C老大的地位。

危机危机，先危险后机遇。对创业者来说，"危"，不用害怕；"机"，要及时抓住。在腾讯、百度、京东、苏宁、国美、当当、亚马逊等虎狼之师环视左右的情况下，马云的阿里帝国因为有了提前的准备，自始至终立于不败之地。这是值得所有创业者学习的成功经验。

面对"危"，要像乌龟那样跑得慢；抓住"机"，则要像兔子那样跑得快。这恐怕就是马云所说的"互联网是影响人类未来生活30年的3000米长跑，你必须跑得像兔子一样快，还要像乌龟一样耐跑"的真谛所在。

## 创业关键词：未雨绸缪

互联网是影响人类未来生活30年的3000米长跑，你必须跑得像兔子一样快，还要像乌龟一样耐跑。

——马云

对于一个新的创业者来说，总会听到过来者说，市场中处处是陷阱，一不小心就会身处险境，甚至粉身碎骨。这话说起来有些夸张，但是深究起来却很有道理。相比改革开放初期，中小企业的生存环境虽然大有改善，但是融资难、税费重、成本高、利润薄等公认的困难，在现实中仍让许多中小企业无所适从。除了这些，还有来自方方面面的困难不知什么时候就会从不知什么地方冒出来。

中国有句古话，生于忧患而死于安乐。对于创业者来说，防患危机的首要方法是要有危机意识。表面上一片升腾的景象总是能很好地掩盖潜伏在下面的巨大冰山体。

20世纪80年代初，正当自己的航运业如日中天、红红火火之时，

"世界船王"包玉刚却做出了一个惊人的决定：卖掉所有船只！因为他预感到两伊战争对石油产量的影响必将殃及航运业，因此，他及时抽出资金，投资香港地铁和隧道，出任隧道公司主席。而后，他又投资国泰航空公司，出任董事长。正是因为能居安思危，能从繁荣兴盛的假象中看到潜伏的危机，及时应变，"世界船王"终于又胜利了。

人无远虑，必有近忧，企业同样也是如此。企业家若没有20年、30年的长远眼光，绝不可能办好企业。

无独有偶，国内最著名的服装品牌S公司，也是上世纪末国内最大的服装企业。从20世纪90年代开始，S公司创造了国内服装行业的12个"第一"：第一个提出服装品牌化运作的公司，第一个在电视上做广告的服装企业，第一家民营服装上市公司等，可谓登峰造极。就在事业如日中天，所有人都在为骄人业绩沾沾自喜的时候，S公司的领军人物却看到了服装行业的局限性和潜在危机，做出了战略转型的惊人之举——将公司总部迁往上海，开始涉足高新技术行业。

经营环境瞬息万变，市场竞争激烈残酷，没有危机意识，企业就会面临"杀机"；时刻保持危机意识，企业就会迎来"生机"。一个企业是否具备危机意识，关系到它应对环境变化的适应能力，也关系到它的生存和发展状态。一个企业如果满足于过去的成就，就很容易因为忽略竞争环境的变化而丧失危机意识。一个企业的危机意识越小，其变革的动力就越小，创新的精神就越弱，也就越容易在竞争激烈的市场环境中遭受挫败。

一些企业在创立之初，不仅对市场环境十分敏感，而且热衷于创新与变革。但这些企业取得了一定的成绩之后，就逐渐对市场变化失去了感觉，没有了危机意识，最终被竞争对手打败。作为企业的领导者，如果你希望自己的企业更加强大，长久地发展下去，就必须在企业内部树立一种危机意识。

　　不过，有了危机意识就行了吗？李克强总理在一次发布会上，谈到时下的宏观经济调控时说，"凡事不患有难，但患无备。"对创业者来说，有了危机意识只是第一步，要想生存、发展下去，还要做到有备，有备才能无患。

## 2. 从他人身上寻找机会

马云很善于总结，他曾说过这样一段话："在阿里巴巴成立最初，我曾很自豪地认为我们是梁山泊的 108 个好汉，现在我们要做的就是把梁山好汉变成斯巴达克方阵，把游击队变成正规军。实践证明，阵法比招法更重要。互联网要赚钱，还要 3 年，我做到 40 岁就要退休，然后回到学校里教书，讲的内容就是关于'阿里巴巴的 1001 个错误'。"

在互联网遭遇寒冬的那段时间，为了寻找使互联网重新繁荣起来的出路，马云在杭州著名的西湖湖畔举办了著名的"西湖论剑"大会，呼吁互联网同行并肩应对危机。第一届"西湖论剑"大会取得了圆满成功，此后便形成了惯例，每年都会在西湖举办一届。

2001 年 10 月 21 日，第二届"西湖论剑"拉开了帷幕。参加这届大会的不仅有去年的老成员，还多了不少新面孔，大家探讨的议题是互联网企业今后的方向。马云在大会上发表了自己的见解，他认为互联网最大的特点就是变化，但是就当前市场的形势而言，最好的策略应是保守，而守本身就是最好的变化。

此后的每一届"西湖论剑"大会，都会涉及互联网发展的相关议题，而且每年都会讨论新的议题。同时，参加大会的人员也越来越多，通过与他们的交流，马云获得了很多自己需要的信息。他认为，这就好比是武侠世界里的高手们相互切磋武艺，通过彼此的交流来增进功力，弥补自身的不足。

2003 年，马云投资一个亿创办淘宝网，B2B 的老大要主掌 C2C，

## 第四课 机遇与挑战
### 有时候死扛下去总是会有机会的

这在业内掀起了轩然大波。很多互联网同行对此议论纷纷，各种声音此起彼伏，但是马云却表示要坚定地走下去。

通过多年的摸索及与同行的交流，马云坚定了自己的想法：阿里巴巴是为商人服务的，而淘宝网面对的是个人，是为个体之间的交易提供一个良好的平台。淘宝网的成立是向人们宣告：每个人都可以在这个平台上实现自己的商人梦想。马云所做的，就是要抢占互联网用户中最有发展潜力的优势。

2004年的"西湖论剑"大会，主题被定为"天下"，探讨了互联网发展的热门问题。从第一届会议的谨慎，到这一届会议的声势浩大，马云发起的"西湖论剑"大会已然形成规模，更成为互联网行业不可或缺的一个交流大会。

机会对于每个人都是平等的，关键在于谁能够及时把握住成功。马云从不认为自己有多幸运，他将自己的成功归结于："每次成功都可能导致你的失败，每次失败好好接受教训，也许就会走向成功。"

### 创业关键词：借势、借力

我觉得影响我的人挺多的，在不同阶段有不同的人影响我。金庸肯定影响过我，《阿甘正传》里面简单的阿甘也影响过我，还有父母、老师，再就是前几天李嘉诚的那句话让我心里很有共鸣。这个世界上，没有一个人能真正改变你，重要的是，你能从每个人身上找到各种机会，不断学习，从而反过来影响别人。

——马云

翻开人类历史，王者以借取天下，智者以借谋高官，商人以借赚大钱，不善于借助外力的人，一定是一生平庸的人。善于借的人，借他人之花献自身之佛，借亲朋好友之力登上事业之巅，借天时地利人和圆成功之梦。借力是生存竞争第一法则。荀子说："借助于车马的人，并非有利于双脚，但是可以到达千里之外；借助于舟楫的人，并非不善于游泳，但是可以渡过长江大河；有才能的人，并非生来与常人有什么不同，只不过善于借助外物罢了！"

健力宝的创始人李经纬原本是个名不见经传的小酒厂的厂长。一个偶然的机会，他得知奥运会上需要运动饮料，他敏锐地嗅到了千载难逢的发财机遇。但他对保健饮料一窍不通，也没有技术和资金。于是，他首先找到广东省体育科研所的欧阳孝，请他来研究配方，利润大家分成。

欧阳孝经过上百次的试验，终于研究出了配方。产品研制出来了，生产场地怎样解决？怎样销售？怎样打进奥运会？

首先，产品要进得去。但刚开始，李经纬连包装、生产线、原材料、滚动资金等都没有，怎么办？借腹生子！他跑到深圳百事可乐公司，借了些空罐子，拿到印刷包装公司设计包装，又找了个记者帮忙，让他在亚足联主席拿起健力宝时马上拍照。之后，李经纬拿着这张照片到处宣扬，大做文章，使产品有了一定的知名度。接着，他又拿着卖健力宝赚来的钱去打广告，名声越来越大。同时，他采用"集约化经营"模式，即"以销定产"，先到市场上拿订单，再根据订单投入生产，确定生产规模。

后来，美国前总统克林顿及其夫人到某州发表竞选演说，拉选票，健力宝销售人员通过公关，将健力宝送到了克林顿乘坐的游轮上。当克林顿夫妇举起健力宝开怀畅饮时，在场的众多新闻记者立即按下快门，摄下了这宝贵的一瞬。第二天，《纽约报》、《华盛顿邮报》等美国知名报纸都刊登了克林顿夫妇举起健力宝畅饮的照片，"健力宝"的名字随之传遍美国。

借船出海、借梯上楼、借鸡下蛋、借壳上市，是近年来许多品牌成功经验的形象比喻。在市场经济时代，单枪匹马独闯天下是很难成功的，"借力生财"、"借势经营"才是企业迈向成功的捷径。品牌要生存，无非两条路，一是造势，二是借势。相对造势而言，借势的成本不见得有多高，达到的效果却是有目共睹的，何乐而不为呢？

## 3. 逆境中的商机

2009年底，在"经济发展趋势与民企应对策略论坛"上，马云就民营企业在"后危机时代"面临的机遇、挑战以及核心精神等话题，发表了自己的观点。以下是他讲的部分内容：

"2008年我曾说过，一年后我们都会适应经济危机；今天，我感觉大家已经开始适应了，从在座各位的脸色来看，去年（2008年）我看出的是恐慌，今年（2009年）我看到的是坦然。我认为，做企业面临的第一个风险就是能否适应危机。危机永远存在，所以我们才说'后危机时代'，而不是'危机以后的时代'，这是有本质区别的。我想问，危机来得那么快，去得那么快，传递出怎样的信号，我们从中得到了什么？危机为何来去都那么快，什么时候会再次袭来？以前，危机是10年来一次，现在是5年来一次，未来可能变成3年来一次，我们是否准备好了，是否已经适应了危机？这是我想说的第一个问题。

"我们面对的是明天，要利用危机改变自己，改变社会。不能为度过危机感到骄傲，更不能为度过目前的灾难而欣喜。如果我们没有从中学到什么，从而改变自己，继而创造未来，那么充其量只是度过了眼下的财务危机，心理上的危机并没有解决。"

正如马云所说，风险和失败是伴随着每个企业成长的必然。而如何面对危机，在逆境中寻找生存的希望和转机，从而化危机为商机，才是决定企业能否走出困境的关键所在。

2003年春天，中国内地"非典"肆虐，阿里巴巴扬名于业内。当

## 第四课 机遇与挑战
### 有时候死扛下去总是会有机会的

时广州已经被明确划为疫区,由于之前阿里巴巴的中国供应商项目已经确认了会与客户一同参加广交会,最终阿里巴巴还是派了员工去。当这位员工返回杭州的时候,已经出现了明显的"感冒症状",但因为工作需要依然坚持上班,与一些同事也有了接触。没几天,这个员工被确诊为"非典"患者,随即阿里巴巴被杭州市政府重点监控。

一时间,马云压力倍增,但他并没有被困难所压倒,而是努力镇定自己的情绪,用坚定和乐观稳住大局。他给全体员工发了一封公开信:

"今天,阿里巴巴正面临自成立以来最大的一次挑战……我为有这样的年轻人而骄傲,我为自己能在这样的公司工作而自豪!我也希望阿里的家人朋友们为你们这样的年轻人,这样敢于接受挑战的年轻团队而鼓掌!因为你们没有选择恐慌、退缩和悲观!这是阿里价值观的作用!在这个非常时期,请发挥阿里人的群策群力,在2003年5月15日之前(或更长时间),无论你在公司、在家里,还是在医院,请铭记阿里人的使命和价值观,在完全确保自己和他人健康安全的情况下,全力以赴地为我们的客户服务。"

马云的这封公开信极大地鼓舞了士气,也稳定了员工们的情绪。在阿里巴巴被隔离的那段时间,超过500名员工全部在家工作,作息时间与在公司上班完全一样。没有一个员工对此发出抱怨,也没有任何客户因此发现异常。

同时,在"非典"阴影的笼罩下,阿里巴巴开始了因势利导,"借势造市"。他们加紧宣传,在央视一套节目中打出了阿里巴巴"诚信通"的广告,向公众展示阿里巴巴商人网站的特性,还通过跨越时空的画面转化,表达了电子商务超越时空的便捷和灵活。

对任何一家公司来说,"非典"都是一次挑战,但对马云来说,它却成为一个凝聚人心的好机会。他用行动和事实实现了自己面对危机的理念:"我们对于危机的说法是危机之中才有机会;我们希望在最困难的时候说:'我能!'"

## 创业关键词：逆势生存

> 危机、危机，机会就在危险之中。你敢于去做，永不放弃，再往前走一步，别人都放弃的时候，你再往前走一步，机会就是你的。
>
> ——马云

逆境虽然不是什么值得称道的好事，但也不是不可摆脱的坏事。从某种意义上说，逆境也是一种机遇，是人生发展过程的必然。人们常说，前途是光明的，道路是曲折的。这就是说，前进的道路上充满着困难、坎坷、挫折，也就是逆境。

为什么说逆境也是一种机遇呢？因为逆境可以磨砺一个人的品格、才气和胆略，可以激发一个人奋发向上的毅力和勇气。很多出色的事业往往都是经过逆境的磨炼才取得成功的。对一个人来说，逆境就是清醒剂，有些逆境的遭遇可以锻炼人才，也蕴涵着摆脱困扰、继续前进的机遇。

19世纪中叶，美国加州传来了发现金矿的消息。许多人认为机不可失，时不再来，纷纷奔赴加州。17岁的亚默尔也加入了这支庞大的淘金队伍。他历尽千辛万苦赶到加州，经过一段时间后，他和多数人一样，没有挖到一两金子。淘金梦是美丽的，山谷中的艰苦生活却难以忍受。由于气候干燥，水源奇缺，寻找金矿的人最痛苦的是没有水喝。许多人一面寻找金矿，一面不停地抱怨。

甲嘀咕："谁让我喝一壶凉水，我情愿给他一块金币。"

乙宣布："谁让我痛饮一顿，我给他两块金币。"

丙发誓："老子出三块金币。"

这些人发完牢骚后又继续挖掘起金矿来。亚默尔却想，如果将水卖给这些人喝，也许比挖金矿能更快赚到钱。于是，他毅然放弃寻找金矿，将手中的铁锹由挖金矿变成挖水渠，从远方将河水引进水渠，经过细沙过滤，变成清凉可口的饮用水。然后，他将水装在桶里，运到山谷中一壶一壶卖给挖金矿的人痛饮。当时有人嘲笑他胸无大志，千辛万苦赶到加州来，不去挖金子发大财，却干这种赚些蝇头小利的买卖。这种小生意在哪里不能干，何必老远跑到这里来？但亚默尔毫不介意，继续卖他的饮用水。

结果，许多人深入宝山，空手而回；有些人甚至忍饥挨饿，流落异乡。而亚默尔却在很短的时间内靠卖水赚到了6000美元。这在当时是一笔很可观的财富。

危机不可怕，逆境也不是绝境，重要的是要有一颗敢于迎接挑战、能够冷静应对的心。黑暗中的光辉很微弱，只有胆大心细的勇敢者才能够摘取火种，照亮前行的路。请记住，危机是弱者的灾难，却是强者的机会。

## 4. 看准时机果断出手

2005年8月11日，杨致远给雅虎的中国员工发了一封电子邮件："今天上午，我们宣布与阿里巴巴结成战略合作伙伴……这是雅虎激动人心的时刻，我希望你们能够看到前方巨大的机会，成为这个成功团队中的一员。"

这封邮件证实了雅虎与阿里巴巴之间的并购，阿里巴巴与雅虎在北京宣布签署合作协议：阿里巴巴收购雅虎中国的全部资产，同时也得到了雅虎10亿美元的投资，并取得了雅虎品牌在中国的永久使用权。

在当天的发布会上，马云幽默地做了开场白："阿里巴巴和雅虎谈了7年的'恋爱'后，于11日中国的'情人节'这一天结婚了。"阿里巴巴收购雅虎中国，并非一朝一夕可以决定的事情，已经运作了很长时间。

作为美国顶尖的网络航母，雅虎进入中国市场后，出现了明显的水土不服，交出的成绩单差强人意。从1999年到2005年，7年时间，雅虎尝试了很多方法，但都收效甚微。为了雅虎的发展考虑，杨致远最终决定将资产盘给阿里巴巴，在保留雅虎品牌的同时，将经营权全部放给阿里巴巴去做。

很多人对杨致远和马云的举动不太理解，因为马云对外宣称是阿里巴巴收购了雅虎，但是雅虎却反而给阿里巴巴投资10亿美元，取得了阿里巴巴40%的经济收益和35%的投票权。所以，大家都在疑惑他们玩的究竟是什么把戏？究竟是谁收购了谁？

## 第四课 机遇与挑战
### 有时候死扛下去总是会有机会的

作为这次收购的核心人物，马云没有选择逃避，他举行了新闻发布会，并宣布："雅虎成为阿里巴巴重要的战略投资者之一，从股份上看，雅虎占1席、软银1席、阿里巴巴2席，所以这个公司还是在阿里巴巴的领导下，我继续担任CEO。"

关于阿里巴巴和雅虎究竟是谁收购谁，或许已经不重要了。重要的是，马云这次出手，一举将阿里巴巴推上了互联网行业老大的位子。加上雅虎高达10亿美元的投资，阿里巴巴的价值瞬间攀升至28亿美元，几乎与上市后被放大的百度市值持平。

同时，与雅虎合并后，在国内的互联网行业中，阿里巴巴已然拥有了全面、强势的互联网业务，笑傲群雄。此外，马云又于当年10月宣布淘宝网将继续给用户免费使用3年，以免费的营销策略争取更多的用户。

通过这一次与雅虎"联姻"，阿里巴巴以锐不可当的强劲势头，大步向前。马云对此无限感慨道："这是个非常难得的机会，不抓住终身遗憾，何况我已经等了7年！"

 **创业关键词：审时度势**

适时出击很重要。我练过太极拳，太极拳要求专注，别看它绕来绕去，其实瞄准的目标都是一个点，而且要适时出击。所以在金庸的小说里，我特别欣赏黄药师出场的描写。所有人都不怎么在意这个老头，没有防他，结果黄药师却突然一招将我认为最能打的人扔到河里。所以选择什么时候出手很重要。

——马云

审时度势，善于调整，是规划成功的一个重要素质。通常来说随着自身的成长和成熟，以及外部环境条件的变化，一个人的心态意识、目标计划、生活方式等也可能会发生变化。倘若不能适时进行相应的调整，很可能会导致落后、保守和停滞不前。

阿曼德·哈默的祖辈是俄罗斯人，经营造船业，后来因为遭遇天灾，家中一贫如洗。1875年，哈默的祖父带着全家来到美国。1917年，哈默读完医学预科后考入哥伦比亚医学院学习，当时他父亲的小药厂运营吃力，所以父亲让他接管制药厂，但又不允许他退学，他接受了。那一年，哈默刚刚19岁。经过他的不懈努力，小制药厂成了大制药厂，最后变成了西方石油公司，哈默由此坐拥几十亿美元资产。

哈默的成功与他能够审时度势，做出正确的决策有很大的关系。

二战爆发后，社会动荡，食物短缺，美国政府下令禁止用谷物酿酒。哈默得知后，立刻预感到威士忌酒将成为紧俏商品。当时美国酿酒厂的股票为每股90元，股息为一桶烈性威士忌酒，哈默毫不犹豫地买下了5500股，并因此得到了5500桶烈性威士忌酒的股息。

果然，威士忌酒瞬时成为炙手可热的商品。哈默随即将桶装威士忌酒改为瓶装，并贴上"制桶"的商标进行出售。一时间，"制桶"牌威士忌酒大受欢迎，前来买酒的人甚至排起了长队。

从哈默的成功不难看出，要想在复杂的市场环境中取得成功，必须要有准确无误的决策能力。而要做到决策无误，必须对影响市场变化的种种因素进行研究、分析，并善于捕捉信息。归根结底，就是要善于审时度势。

## 第五课　竞争与合作
"在竞争中成长，在合作中壮大。"

当碰到一个强大的对手或者榜样的时候，我觉得你应该做的不是去挑战它，而是去弥补它，做它做不到的，去服务好它，先求生存，再求战略，这是所有商家应遵循的基本原则。你还没有站稳脚跟就去向人家挑战肯定是不行的，先生存再挑战，这样赢的机会就会更大。战略有很多意义，小公司的战略说简单一点就是活着，活着最重要。

——马云

## 1. 不畏竞争，勇于锻造自己

国内最优秀的专业市场调研公司艾瑞曾做过统计，2006 年我国中小企业总数为 3151.8 万家，其中 14% 是注册公司，16.7% 主要从事国际贸易或者有进出口能力，28% 的中小企业目前使用第三方 B2B 电子商务平台。艾瑞预计，到 2012 年，我国中小企业总数将达到 5000 万家。而且，每年中小企业的数量还保持着持续、快速的增长。竞争无处不在，在这个日益庞大的市场中，企业要想生存，每天都要面对竞争对手，在无声的硝烟和战火中保存实力，争取生存和发展的机会。

既然竞争无处不在，那么就要把在竞争中生存当成一种常态。试想，哪一个成功的创业者不是在与众多对手甚至敌人的竞争中胜出，然后成功的呢？

通常来说，摆在创业者面前的有两种竞争：一种是企业的竞争，一种是人的竞争。

马云于 1999 年初创阿里巴巴时，阿里巴巴在中国大陆是独一家，它要竞争的是潜在客户的消费习惯。为了推广市场，马云主要与众多中小企业主打交道，游说他们采用自己的服务。

2003 年，马云创建淘宝网时又出现了同样的问题：要与消费者的消费习惯做斗争。他好不容易让消费者慢慢地接受并习惯网上购物这种形式了，易趣出现了，之后又来了 eBay。eBay 吞并易趣后，对淘宝网进行了剿杀。于是，淘宝网的竞争对象就成了 eBay，只有把 ebay 打败才能赢得生存之机。

而事实上，企业竞争的背后是人的竞争。参与竞争的企业能否胜出取决于企业带头人之间的竞争、企业管理团队的竞争和企业员工的竞争，甚至企业价值观之间的竞争。要想让自己的企业胜出，就得让自己胜出。这就是所谓的打铁还需自身硬。

凡事不患有难，但患无备。有竞争是常事，打无准备之战是竞争者的大忌。eBay进入中国后，选择吞并易趣，再封杀淘宝网。eBay的CEO梅格·惠特曼与各大门户网站签署排他性协议，与eBay合作的前提是18个月内不允许与淘宝网合作。

为了迎战，马云先是融资，储备足够的资金，接着采取以"农村包围城市"的策略来应对惠特曼的"高举高打"。之后，马云又派人与众多二、三级网站谈判，一举拿下了几乎所有二、三级网站为淘宝网宣传。此举收到了奇效。接着就是一级门户网站的逐步瓦解，搜狐首先伸出橄榄枝，与马云谈判合作。之后，马云的淘宝网迎来了大发展。

作为一个合格的创业者，不要总想着竞争。当竞争已经成为一种常态，我们还应该发现与竞争并存的另一个事物——合作。事实上，竞争与合作是一个硬币的两面，谁也离不开谁。3721在与百度竞争的同时，也是在进行着一项伟大的合作，那就是一起与市场对中文搜索的不认可、不接纳进行斗争，一起做大中文搜索市场这个"大蛋糕"。eBay进入中国后，虽然有淘宝网在前冲锋陷阵，但仍然无法避免地要与淘宝网一起合作，与消费者顽固的线下消费习惯做斗争。两家在竞争的同时，事实上也是在进行着一场伟大的消费习惯革命。他们要把消费者的线下消费习惯转变成网络购物习惯，要把网络购物这个大蛋糕做大。所以，马云与惠特曼都不会做出损害培养消费者网络购物习惯的事情，这种竞争同时也是一种合作和发展。

马云说："中国电子商务的人必须要站起来走路，而不是老是手拉手，老是手拉着手要完蛋。"这是切着中国电子商务市场的命脉在说话。马云认为，中国电子商务的人害怕竞争，而害怕竞争的人长不大。

## 创业关键词：竞争、自强

> 我一直认为没有竞争对手是很孤独的，阿里巴巴孤独了5年，我们应该互相学习，商场竞争永远不需要打口水仗。阿里巴巴尊重所有进入这个市场的竞争者。市场上的竞争者越多，市场越大，机会越多。我给大家一个建议：要把竞争对手当作你的产品研究中心。我对阿里巴巴的对手是：尊重、欣赏、学习！
>
> ——马云

我们都明白这样一个道理：没有天敌的动物往往最先灭绝，有天敌的动物则会逐步繁衍壮大。大自然中的这一现象在人类社会也同样存在，学习中没有竞争对手就不会有进步，工作中没有竞争对手也很难得到提升。

现实中有许多人把对手视为"眼中钉肉中刺"，总试图与对方争个高低，甚至把反感和仇恨延伸到问题的外部，搅得生活和心情都一团糟。事实上，拥有对手并没有那么可怕，在某种意义上，对手既是我们的挑战者，也是我们的同行者。是对手让我们燃起斗志，促使我们积极进取，帮助我们更上一层楼，让自己变得更加完美。

日本北海道有一种鳗鱼，它在被捕获后很容易死掉。一个渔夫为了让它活得更久一些，就在盛放鳗鱼的容器里，放进了一些狗鱼。狗鱼是鳗鱼的天敌。奇妙的事情发生了，有了狗鱼的加入，鳗鱼的求生意志得到了最大限度的激活，反而活了很久。

对于人类也是如此，在人生的竞技场上，任何阻挡在我们前进路上的某个人、某件事，甚至我们自身的惰性和弱点，都可能成为我们的对手。虽然它们总是处在我们的对立面，成为我们前行的障碍，但也正因为它们的存在，我们才不敢有丝毫懈怠，以更加饱满和积极的心态去面对困难和挑战，赢得生存和发展。

我们常能看到，在围棋比赛中，两个高手之间的对决往往能创造出无比精彩的棋局，让棋迷们大饱眼福。中国的围棋高手古力和韩国的围棋高手李世石每次交锋，都能创造出令人叫绝的名局。

可见，正是因为对手的强大，才激发出他们强大的斗志，让他们不断超越自己，战胜对方。不止棋局如此，很多伟大的交锋都是在强者之间的竞争中诞生的。

对创业者来说，最大的失败就是在竞争的过程中主动放弃。从这个角度来说，创业者最大的敌人是自己。当创业者战胜了自己，坚持到底，就会离胜利越来越近。所以，在竞争中，不断地锻造自己，是创业者们需要共同面对的课题。

希腊船王奥纳西斯有句名言："要想成功，你需要朋友；要想非常成功，你需要敌人。"我们要学会感激和欣赏对手，正因为竞争，使得我们取其所长，补己之短，让我们更清楚地审视自我，得到提升。所以，结果不是最重要的，重要的是在每一次对弈中，我们收获了什么样的人生体验。只有这样，在面对竞争对手的时候，我们才能微笑着气定神闲地迎接挑战。成功了，固然欣喜；失败了，也同样美丽。

## 2. 潜心修炼，韬光养晦

2006年，马云在上海第一财经主持人叶蓉主持的《财富人生》节目中接受访谈，其中有这样一段谈话：

叶蓉："我发现，你身上有一种喜欢挑战强敌的天性。两年前中国已经有了一个eBay（易趣），但你仍然要做一个淘宝网出来。听说淘宝网诞生前后有些非常离奇的故事，能不能在这里透露一下？"

马云："孙正义和我都认为，今后没有B2B和C2C的区别，阿里巴巴和eBay有着惊人的相似，只不过我们专注于做中小型企业，他们专注于个人电子商务。淘宝网刚开始起步时，我们认真地挑选了7个年轻人，并给他们做了一些测试。我和CFO、COO以及几个副总裁坐在办公室，把他们一一叫进来。他们没想到公司这么多高管同时在一个房间里等着他们，可以说吓了一跳。

"我对他们说，现在要派你们去做一件事，你们要离开杭州，而且是要离开这家公司，这些你们还不能告诉朋友，甚至连父母也不能知道。我问他们愿不愿意，他们看了看我说：愿意。

"我又说，你们中有谁不愿意的话，现在就可以离开。说完，我递给他们一人一份合同，是英文的，并如实告诉他们：只要你签下你的名字，就必须保证10个月以内不能漏出一点点风声，而且你签了合同就意味着你离开了我们公司，关于新公司的一切也不能告诉别人。他们看了合同之后，都签了字。"

叶蓉："为什么要搞得这么神秘呢？"

## 第五课 竞争与合作
### 在竞争中成长，在合作中壮大

马云："有些事情你可以先叫板别人，有些事情却不能。如果你发现有人在少林寺外面喊要与少林弟子比高低，这是瞎掰。对手强大时，得有对付强手的方法。

"这七八个人搬到了一个别人都不知道的地方开始办公，但我每天晚上都要过去跟他们交流一下。淘宝网刚刚问世的时候，网上没有产品，我们只好自己人凑产品，每个人必须在家里找出4件产品，我们翻箱倒柜，总共找了30件东西。然后就在网上你买我的东西，我买你的东西，大家都去造人气。

"今天，淘宝网上有1300多万件产品，谁会想到它的第一天只有30件商品，这30件还都是我们自己的员工从家里拿去的，我把手表都放上去了。过了一段时间，阿里巴巴内部网页上发表了一篇文章，是我们员工写的。他要求公司高层要高度注意一家新成立的小公司，它可能会成为我们日后的对手，它就是淘宝网。这家公司虽然小，但是它很有威力，想法很奇特，而且它的构思跟我们阿里巴巴很像。

"很多同事开始跟帖，说他们已经注意到这家公司了。后来又有人发帖说，他们已经通过IP地址测试到这家公司就在杭州，就在我们阿里巴巴附近。最后我们不得不在7月10号那天宣布，淘宝网是我们自己的。宣布那天，整个公司的人都欢呼不已，这颗炸弹终于排除了。"

叶蓉："就像开饭店一样。我们能够想象，当一个跨国巨头刚刚花了几千万美元买下易趣后，以一种近乎垄断巨头才有的姿态占领了一个不错的路口，正准备大赚特赚时，忽然一个无名小卒拍马杀到，在马路对面开了家小店，向来来往往的人们招呼，来来来，本店吃饭，一律免费。这个巨头会是怎样的火冒三丈？不知道这个比喻是不是准确？"

马云："我们这个店不但不收钱，而且菜比他们的好。如果你的菜不好，免费也没有人吃，吃了拉肚子怎么办？吃了以后就会说，我觉得你不是免费的。一拍网当年也是免费的，雅虎和新浪合作也是免费的，现在QQ弄了一个拍拍网也是免费的，免费的网站多得很。现在全中国真正收费的只有几个网站，其余大部分都是免费的。免费只是个手段，你必须创造出比收费更好的服务，比收费网站创造出更高的价值，你才有机会赢。雅虎和新浪合资的一拍网钱比我们多，品牌比我们好，访问量比我们大，也同样免费，又怎么样？eBay 这两天开始免费了，又怎么样？"

由上可知，在竞争中，成功者之所以能够获胜，与他们深谙"蓄势待发"和"伺机而动"的内涵是分不开的。在自己实力不够或者时机不成熟的时候，他们会选择先隐藏自己的实力，韬光养晦，暗中修行，从而避免陷入无益的竞争。而马云正深谙此道。

## 创业关键词：韬光养晦

**大象很难踩死蚂蚁。只要你躲得好，加上良好的策略，就一定能活下来。只要能够活下来，就能得到最后的胜利。**

——马云

面对同一个目标，总会有竞争对手早已虎视眈眈，倘若此时过早地暴露自己的意图和渴望，就会引起竞争对手的注意，导致自己在精力和金钱上的投入增加；倘若表现出若无其事的姿态，让对手放松警惕，就容易赢得时间和机会积聚能量，最终在竞争中脱颖而出。

19 世纪 60 年代，美国议会通过了一项议案，决定修建横贯美国东西的大陆铁路，并将这项浩大的工程交由联合太平洋公司承建。

安祖·卡内基得知后，希望得到铁路卧车的承建权。为此他四处奔走，发现在竞争对手中，布鲁曼公司的实力最强。这是一家规模很大的公司，有着悠久的历史，销售网络遍布全国。

卡内基认为，自己若拼尽全力也不是不能拿到承建权，但是他也清楚这势必要经过一番残酷的竞争，并且利润也会随之大大缩水。倘若不

## 第五课 竞争与合作

**在竞争中成长,在合作中壮大**

参加竞争,布鲁曼公司将很有可能获得承建权。为了实现平衡,卡内基对布鲁曼公司进行了深入的了解,发现这个老牌的公司除了追求利润,还很重视品牌和声誉。

卡内基心里有了主意,他特意在该公司老板布鲁曼下榻的酒店里开了一个房间。有一天,卡内基在楼梯间偶遇一个看上去很机敏能干的人,并敏锐地猜测出这个人就是布鲁曼。于是,他主动上前打招呼:"先生,您是布鲁曼阁下吗?我是安祖·卡内基,您也在这儿住吗?"

"是的,你就是卡内基先生?"

"布鲁曼先生,我不喜欢绕圈子,我就直说吧,我觉得我们没有必要进行这种无谓的竞争,这样做的结果只会是两败俱伤。"

布鲁曼不以为然地说:"是这样吗,卡内基先生?"

"我们之间无论谁通过竞争最终获得承建权,利润肯定不如我们以合作的方式得到承建权后各自所获得的利润高。"没等布鲁曼有所表示,卡内基一口气把自己的观点说了出来,"当然,我想您应该比我更清楚这一点。"

"是的,我不否认。那么,您觉得可以采用什么样的方式来合作呢?"布鲁曼思索着问道。

"我们共同成立一个新公司,然后由新成立的公司向太平洋公司提出承建投标。"

"那么,新公司用什么名字呢?"布鲁曼显然对这个问题产生了兴趣。

"布鲁曼豪华客车公司,您觉得怎么样?"卡内基一边窃喜,一边不动声色地问道。

接下来的事情便水到渠成了:合作非常顺利,新成立的公司获得了大陆铁路卧车的承建权。

卡内基自愿放弃扩大自己名气的机会,以此使对手放松戒备,从而用远远低于预期的成本获得了部分承建权,分享到了丰厚的利润。可见，在实力强大的对手面前，主动示弱可以为自己保存实力，更容易赢得发展的机会。

每个人都希望自己在竞争中脱颖而出，然而竞争背后存在一个悖理的法则，那就是"出头的椽子先烂"。倘若一个人的能力有限，一个公司的实力还有待积聚，不妨潜心修炼，为自己赢得韬光养晦的机会，在竞争中保存实力，从而让自身得到发展壮大。

## 3. 与竞争对手和谐相处

曾经有人问过马云，阿里巴巴最大的竞争对手是谁，马云几乎脱口而出：沃尔玛。他表示，沃尔玛与阿里巴巴有很多相似的地方。很多人都知道，沃尔玛之所以能够缔造出令世人称道的商业神话，秘诀之一就是严格控制了供应链上每一个环节的成本。麦肯锡全球管理咨询公司也认为，沃尔玛不仅和一些贸易型公司进行合作，还更多地与生产厂家直接对话。同时，沃尔玛还选择了自己承担采购，尽管采购、管理和交易的成本很高，但是传统供应链的低效和层层加价反而成就了沃尔玛的利润空间。

对于沃尔玛凭借终端力量榨取上游供应商利润的做法，马云的看法是：沃尔玛的采购与销售链条可以尝试着通过网络来实现。阿里巴巴涉足产业链正是为了提升传统供应链的效率，把利润还给原始厂商，从而削弱沃尔玛对利润的榨取。

马云认为，除了沃尔玛，中国还有几个大型的渠道商，如国美、永乐、大中等，他们强加给制造商太大的压力。就利润而言，制造商目前的利润仅为3%，而这些渠道商却享有高达15%的利润。所以，阿里巴巴希望可以建立一种机制，构建一个平台，让厂商和经销商建立一种平衡，同时也让厂家与消费者互动起来。

早在2003年，马云就多次预言，2004年中国电子商务的竞争格局将会发生剧烈改变，传统的电子商务B2B、B2C、C2C之间的界限将被打破。在马云看来，阿里巴巴的战略目标和构架已然有了用武之地，那就是通过经营B2B的阿里巴巴、经营C2C的淘宝网以及马上要涉足的

B2C 领域，共同打造一个打通电子商务所有环节的商业版图。

为此，马云构想了一种全新的 B2C 模式。在这种模式里，阿里巴巴的买卖双方都被引入拍卖网站淘宝网，让卖家把产品批发给下面的消费者。而此前，易趣已经显露出要将 C2C 客户转化为 B2B 客户，从而向 B2B 市场进军的野心。马云坦诚："这对我很有启发。"

马云还为阿里巴巴勾勒了一个堪比世外桃源的计划：一步步将中小企业的销售中心、人事中心、技术中心、支付中心和财务中心都放在阿里巴巴这个平台上。这样一来，原来横亘在 B2B、B2C 以及 C2C 之间的所有交易壁垒都会被推倒。到那时，阿里巴巴将会成为一个虚拟的商务帝国，拥有自己的货币、游戏规则和运行体系。

马云用自己独特的眼光和非凡的智慧，将他的预言逐步变为现实：各种电子商务形态在未来都将融合，共同在一个大的平台上运行。当 B2B 和 C2C 平台连通后，B2C 这种全新的模式也将登上舞台。

现在，很多厂商包括摩托罗拉、阿迪达斯、苹果等在内，均有自己的淘宝网店铺。此外，迪斯尼家电、华硕电脑、马克华菲等厂商还特地为淘宝网的 B2C 平台推出了量身打造的产品。

阿里巴巴用 B2C 的崭新模式发展网上零售，取得了令人瞩目的成绩。有数据显示，截至 2006 年底，淘宝网注册用户超过了 3000 万，人均网购消费 563 元，交易总额突破 169 亿元人民币，远远超过了沃尔玛 993 亿元、易初莲花 100 亿元的全年在华营业额。

**创业关键词：良性竞争**

  金庸小说里讲到有些高手是寂寞的，如独孤求败，以前看我觉得不能理解，现在我明白了：没有对手，就没有发展的动力，没有创新的源泉。

——马云

第五课 竞争与合作

在竞争中成长，在合作中壮大

以往，企业间的竞争是传统的"刚性竞争"，就像冷战时期的美苏，彼此拆台，一碰面就剑拔弩张，最后的胜利者往往是踏着竞争对手的尸骸走过来的。这种冷战式的竞争思维在很多企业领导的头脑中根深蒂固。

然而，随着时代的发展和市场形势的变化，"刚性竞争"渐渐被人们所摒弃。市场经济从来就不排斥竞争，"与对手双赢"就是要在承认竞争对手存在的基础上，既要学习对手，又要学会欣赏对手。如何与对手相互影响，共同提高才是竞争的最终目的。

众所周知，摩托罗拉公司和爱立信公司是手机行业的两个有力的竞争对手，就如日立集团和松下电器、长虹集团和海尔公司等，他们都是本行业里的佼佼者，一方面他们在商场中短兵相接，另一方面他们又不约而同地成为亲密的合作伙伴，共同研究开发新产品。

所以，凡事都有个度，企业竞争也不例外。过犹不及，说的就是这个道理。恶性竞争就是过度的竞争，经济学家称之为"自杀式竞争"、"毁灭性竞争"、"破坏性竞争"。这样的竞争，于己、于人、于行业、于社会都是弊大于利。其实，企业竞争并非只有你死我活。走在都市繁华的街道上，你会发现，有麦当劳的地方，往往就有其竞争对手肯德基的存在；有可口可乐卖的地方，就能够买到百事可乐。这两对竞争对手即使是在同质化竞争的情况下，也能够互相依存、共同发展。这是良性竞争的典型例证。

NBA备受世人瞩目，公牛队曾经显赫一时，就是因为有乔丹这样一个传奇人物。乔丹天赋极佳，无论球技还是人品都令人称赞。然而篮球不是单打独斗的运动，更多的时候需要集体配合才能夺得最后的胜利。公牛队还有另外一个天才球员，他的三分球命中率甚至超过了乔丹，他还曾立下豪言："单场得分要超过乔丹。"

面对队友直言不讳的挑战和竞争，乔丹没有嫉妒，更没有视他为敌人，反而鼓励他要对自己有信心，还亲口称赞他的三分球姿势标准，发展潜力巨大。在乔丹的指导下,队友的进步神速,终于有一天,他的单场得分超过了乔丹。而此时的乔丹居然比他还兴奋,两人紧紧地拥抱在一起。这个人就是著名的 NBA 明星皮彭。

皮彭成功了,而乔丹也因宽厚的胸怀和高尚的品格得到了更多人的尊重和喜爱,获得了更多的荣誉。在很长一段时间里,他们并肩作战,共同进步,彼此成就。

由此可见,竞争对手非但不是敌人,还是老师或战友,更是事业上难得的同行者。

事实上,我们和对手之间,是一个矛盾的对立统一体,对手不是不共戴天的敌人,我们和对手之间往往有着更多的相似之处而不仅仅是差异。也许对手的每一次攻击,多多少少会让我们受点伤害,但只要不是致命的伤害,都会使我们从中得到某种启示,获得一定的经验。只有在和对手的较量中,才会让你由弱变强、成长壮大,最后战胜对手。当然,如果你在和对手的较量中变得越来越弱小,那么对手就有可能变得相对强大。

因此,对于创业者来说,面对竞争对手,除了尊重,还要表现出开阔的视野和博大的胸襟,去容纳竞争对手,去激发竞争对手,为攀登人生新高峰坚定信念,最终奋进不止,从而实现自己的成功梦想。

## 4. 知己知彼，百战不殆

企业如果想在竞争中立于不败之地，不仅要拿出好的产品和服务，还要了解和研究竞争对手，正所谓"知己知彼，百战不殆"。在与易趣的角力中，马云紧紧抓住机会，一举击中易趣的软肋，在这场"大象"与"蚂蚁"的PK中赢得了先机。

eBay于2002年进入中国市场，在短短几年的时间里就占据了市场规模为10亿美元的中国市场的半壁江山，其强大的实力由此可见一斑。2005年初，eBay的CEO惠特曼曾对华尔街分析师们表示，eBay在中国市场"必须赢"，因为中国有可能是在网络市场取得成功的决定性因素，她甚至还宣称为了达成目标将"不惜一切代价，有求必应"！

作为eBay在中国的最大竞争对手，淘宝网的启动虽然晚于eBay，但其发展势头正猛，不容小觑，在eBay所宣称的1000万中国在线拍卖市场用户中赢得了不小的影响力。不过，在实力和发展势头都十分强劲的eBay面前，淘宝网的发展仍十分艰难。马云不得不收敛锋芒，转攻为守，静待时机。

2004年9月，eBay准备实现其国内平台与国际平台对接。这个目标是好的，但是效果却差强人意。由于eBay的整个平台从页面、交易程序、信用评价机制等均朝着国际网站转型，从而导致在对接的过程中，出现了诸多问题。很多习惯了eBay原始服务模式的老用户感到很不适应，对此，有用户这样形容："就像一下子不知道自己在什么地方，完全迷路的感觉！"

紧接着，eBay 的用户开始出现"搬家"的情况，甚至还喊出"还我 eBay 平台"的口号，网站用户的抵制开始发酵。更糟糕的是，实现对接后的 eBay 系统性能稳定性非常差，掉线情况时有发生。这些都极大地考验着用户的忍耐度，有些用户对 eBay 表达了失望和崩溃的情绪。

关键时刻，马云出手了。他的淘宝网接收了很多从 eBay 转投过来的用户，淘宝网是免费的，后台运行的稳定性也好于 eBay，用户量一时大增。在 eBay 对接后的短短两个月时间里，淘宝网的客户和访问成交量实现了井喷，会员人数更超过了 300 万。当年 9 月份的商品成交总额达到 1.6 亿元，10 月份单日成交金额居然高达 105 万元。

面对客户的大量流失，eBay 不得不采取相应对策：加大广告投入，大把烧钱！一时间，eBay 的广告铺天盖地而来。有人做过调查，eBay 在广告方面的投入竟然高达千万元！他们不遗余力地向公众宣传这样一个信息：eBay 是一个网上购物平台。这不禁让马云乐开了怀："淘宝网同样也是一个网上购物平台。"eBay 的策略不只是挽救自己，同时也为淘宝网做着宣传和推广。

马云曾开心地表示："我们希望 eBay 在推广方面花的钱越多越好。如果 eBay 不花这笔钱，我们就要自己花这笔钱，现在 eBay 花了这笔钱，把市场培育了起来，淘宝网只需要赢过 eBay 就可以了。"

果然，eBay 的广告策略并没有取得预期的效果，用户增量不明显，而淘宝网却借着 eBay 的东风日益壮大，用户量一天天增多。

面对千载难逢的机会，马云果断出击，并获得了成功。他感谢 eBay，甚至戏称 eBay 是"活雷锋"："世界上竟然有这么好的竞争对手，真是太让人兴奋了！"

## 第五课 竞争与合作

在竞争中成长,在合作中壮大

 **创业关键词:知己知彼**

**关注对手是战略中很重要的一部分,但这并不意味着你会赢。**

——马云

《孙子·谋攻篇》中说:"知己知彼,百战不殆;不知彼而知己,一胜一负;不知彼,不知己,每战必殆。"意思是,在军事纷争中,不仅要了解敌人,还要了解自己,如此身经百战都不会有危险;倘若对敌人不了解,那么胜败的可能性各半;倘若既不了解敌人,又不了解自己,那么每战都会有危险。而对于企业而言,"知己知彼"就是要充分了解自己的优势和缺陷,掌握竞争对手的动向和状况以及外部市场的发展趋势。

李宁这个中国本土运动品牌,始终在国内市场拥有自己的忠实客户群,曾与耐克、阿迪达斯三分天下。然而,它在海外市场的业绩却不如国内,而且它与其他国外大品牌的差距还是显而易见的。

对此,李宁进行了深入全面的分析:李宁的主要销售收入都来源于中低端市场,占领高端市场成为其面临的问题之一;尽管李宁在国内市场实现了连年高速增长,但是自1999年后,外国品牌的销售速度远超李宁。在外国品牌强劲的攻势下,李宁渐渐出现了边缘化的势态;再者,之前李宁的品牌定位也一直较为模糊。

2002年,李宁打出了"一切皆有可能"的广告语,一举树立了自己的品牌形象。同时,它还加强了国际合作,尤其是与国际各个领域最强的公司合作,以达到向国际市场进军、提高知名度的目的。经过几年的努力,李宁终于可以与阿迪达斯和耐克一争高下了。

李宁的崛起正是因为它做到了知己知彼,通过分析自己和同类产品,找到了一条适合自己发展的道路。

所以，创业需要有知己知彼的态度和认识，一方面要客观认识自己的实力，准确定位，了解自身的优劣势，不骄傲自大，也不妄自菲薄；另一方面要充分掌握一切对自身竞争取胜造成影响的外在因素，特别是竞争对手，做到既不畏惧对手，又不轻视对手。只有清楚地了解彼此的优劣长短，找出双方的差距，才能在竞争中脱颖而出。

## 第六课　团队与用人

"任何奇迹的创造都来自于团队里的人。"

　　阿里巴巴在发展的过程中犯过许多错。比如在创业早期，阿里巴巴请过很多高手，一些来自500强大企业的管理人员也曾加盟阿里巴巴，结果却是"水土不服"。那些职业经理人的管理水平确实很高，就如同飞机引擎一样，但是如此高性能的引擎就适合拖拉机吗？业界高手们讲得头头是道，感觉真是很有道理，但结果却是讲起来全对，干起来全错！当时太幼稚，公司那时的发展水平还容不下这样的人。

——马云

# 1. 独木难成林

1995年，马云跟朋友一起创办了"中国黄页"之后，经历无数次或大或小的变迁、升级，成就了今天囊括阿里巴巴网络公司、淘宝网、支付宝、云计算、中国雅虎、口碑网、阿里软件、阿里妈妈、菜鸟网和虾米音乐网等众多子公司的阿里帝国。阿里巴巴不是马云一个人的阿里巴巴，而是几万名员工的阿里巴巴。

在马云心目中，团队的重要性无以复加。一个人的努力成就的是一个人的精彩，一个团队的拼搏成就的就是一个团队的辉煌。马云在很多场合毫不隐瞒自己对团队的信心，甚至很高调，他曾公开表示："谁也挖不走我的团队。"早在2000年，阿里巴巴推出了名为"独孤九剑"的价值观体系——群策群力、教学相长、质量、建议、激情、开放、创新、专业、服务与尊重。其中，群策群力是排在第一位的。

在这个基础上，马云的阿里巴巴拥有了一个令竞争对手羡慕乃至害怕的团队，而且这个团队是最难被挖角的。曾有竞争对手出3倍于阿里巴巴的高薪试图挖墙脚，马云对此不屑一顾：3倍就算了，5倍还可以考虑，在阿里巴巴干3年相当于念3年的硕士研究生。为了维持和发挥团队的最大效能，马云曾经"挥泪斩马谡"，将立下大功的卫哲辞退，并对集团高层人事进行了大幅度调整。外界对此议论纷纷，但无论是什么原因，人们看到的是，辞退卫哲后，阿里巴巴的业务继续扩大，业绩节节攀升，较之前有了显著提升。这就说明，辞退卫哲至少不是个错误的决定。2013年1月，马云宣布辞去CEO职务。中央人民广播电台经济之声的一次节目就此评论道：其中一定有马云再次布局的考虑，马云是在为接下来阿里帝国的发展打造一个新的团队，而打造这个团队的重要一环就是他自己辞去 CEO。

对于马云来说，一个人的精彩永远不能替代一个团队的辉煌。为了团队的辉煌，必须适时牺牲个人的精彩，无论是谁。

打造一个好团队的利器是形成自己的企业文化和价值观体系。马云曾经在一次演讲中说道：判断一家网络公司时，第一看它的 Team，第二看它是否有 Technology，第三看它的 Concept。只有拥有了这些，才有存在的必要。其中，Team 和 Concept 是所有大公司或者想做大的公司必需的。Team 就是团队，是马云最看重的；Concept 就是团队的精神，公司的价值观，也是马云看重的。实际上，马云在创建发展阿里巴巴帝国的十几年间，一直强调的就是团队，而且是拥有自己价值观的团队。

2004 年 7 月，马云将"独孤九剑"浓缩成了"六脉神剑"——诚信、敬业、激情、拥抱变化、团队合作、客户第一。马云再次将"团队合作"列入其中，不惜冒重复概念的风险，依然强调合作的前提是团队。在马云勾勒的结构图中，激情、诚信和敬业是第三层，团队合作和拥抱变化是第二层，客户是第一层。第一层，毋庸置疑，是所有公司的第一准则；与"团队合作"并列在第二层的"拥抱变化"自然拥有了团队的含义，不仅强调个人的应变能力，更强调团队对复杂多变的市场环境的应变能力；激情、诚信和敬业则是对团队中每个个体的要求，只有做到了这些，才能成为优秀团队中的一员。

2010 年底，阿里巴巴原 CEO 卫哲和原 COO 李旭辉宣布对之前两年少数供应商涉嫌欺诈承担责任。2011 年 2 月，阿里董事会"基于对客户第一的使命感和阿里人为了组织健康的责任感"，将二人辞退。卫哲和李旭辉均是对集团公司做出过重大贡献的员工，是阿里巴巴帝国的功臣。尤其是卫哲，2006 年辞去百安居的副总裁和财务总监加盟阿里巴巴后，在 4 年的时间里，"把运营一家公司所需要的专业运营方法带入了阿里巴巴","既有很棒的传统管理经验,同时又具备了互联网精神"。但是当触碰了"六脉神剑"之一的诚信这根高压线时,"这个一亮,谁都跑不掉的……一定要有人为此付出代价,而为此付出代价的一定是CEO"。

事实上,马云十分欣赏卫哲,称卫哲是"兄弟",辞退卫哲是"断臂"、"失去的是亲情",但即使这样,他仍坚决表示"为此付出代价的一定是CEO"。马云也坦言:"我愿意对这件事负责,处理结果不是最好的,但却是最正确的。"

正所谓独木难成林,即使是如卫哲般的参天大树,如果阻碍了团队的发展,再优秀的个人也会被舍弃。拥有卫哲的团队显然是所谓的"一流的团队",但在违背了公司的价值观后,它将不再拥有一流的执行能力。

## 创业关键词:团队、价值观

如果有两种选择:一是一流的团队,三流的执行能力;二是三流的团队,一流的执行能力。我情愿选择后者。

——马云

很多年前,中国曾有过崇尚"个人英雄主义"的时代,尤其在80年代和90年代初,一些富有眼光和胆略的企业家,在经济转型的重要历史时期,把握住了机遇,完成了原始资本积累。很多人都以他们为榜样,渴望自己也能成为这样的风云人物。然而,如今的时代,创业和经营环境早已日新月异,企业要想壮大、发展,远非一己之力能够办到,团队合作和企业价值观的塑造成为帮助企业走向成功的不二法门。

俗话说,"众人拾柴火焰高"。一个人要想成就自我,干出一番事业,仅靠个人的一己之力是很难实现的。事实证明,一个成功者的背后肯定有一个成功的团队在支持着他，为他保驾护航，而且这个团队一定是个团结、能干、和谐、充满智慧的集体。

众所周知，微软公司使数以万计的雇员成了百万富翁，但鲜为人知的是，他们中的许多人在取得了经济独立之后，仍继续留在微软工作。在某些人看来，这些百万富翁大概是发了神经，因为他们认为发财就等于取得了辞职的资格证书。但是，微软公司的百万富翁们并不那么认为。

当你了解微软公司的工作条件并不舒适安逸，你更会觉得雇员们的献身精神难能可贵。在这里，一周工作 60 个小时是常事。在主要产品推出的前几周，每周的工作时数还会过百。微软公司也并非以高额津贴出名，相反，它以"吝啬"著称。据该公司的一位前任副总裁透露，多年以来，董事长比尔·盖茨因公出差时，总是自己开车去机场，而且坐的是二等舱。

那么，是什么神奇的吸引力，使这些百万富翁不是因为自己的经济需要而如此卖命地工作呢？答案只有一个，那就是完全超越了自我的团体意识。这种团体意识，已在微软公司生根发芽。微软人认为，他们不属于自己，而是从属于微软这个团体。微软创始人比尔·盖茨在谈到团队精神时，说过这样一段话："这种团队精神营造了一种氛围，在这种氛围中，开拓性思维不断涌现，员工的潜能得以充分发挥。我们微软公司所形成的氛围是：你不仅拥有整个公司的全部资源，同时还拥有一个能使自己大显身手、发挥重要作用的小而精的班级或部门。每个人都有自己的主见，而能使这些主见变成现实的是微软这个团体。我们的策略一向是：聘用有活力、具有创新精神的顶尖人才，然后把权力和责任连同资源，一并委托给他们，以便使他们出色地完成任务。"

事实上，这种团体意识绝非微软公司所独有。这种把个人归属于集体的团体意识，也是很多公司追求和培养的。团队意识，使雇员们的工作热情更高，工作体验更深，从而使他们的生活更具价值和意义。

一般来说，团队合作，首先要实现价值观的认同。如果一个企业出现多种价值观，团队的方向自然也会四分五裂。而一个拥有相同或者统一的价值观的企业，能够让成员之间更加信赖和尊重。相同的价值观会帮助企业消除个体间的性格差异，让成员间的沟通更为有效。

在当前飞速发展的知识经济时代，集体的智慧永远大于个人的智慧，集体的力量永远大于个人的力量。再完美的个人，也难免会有弱点和缺陷，而在一个团队中，可以让每个成员发挥各自的优势，弥补不足，从而形成一股强大的力量。

## 2. "野狗"、"猎犬"与"小白兔"

从创业之初的"十八罗汉"到后来的"明星团队",阿里巴巴从最初的名不见经传成就了今日的阿里巴巴帝国。马云曾说,阿里巴巴之所以有今日的辉煌,30%的功劳当归属于两万多人的团队,40%的功劳是诸多用户的信任,时代和媒体的炒作各贡献了10%的功劳,而他自己的功劳估计还不到一成。

在马云看来,企业成功的秘诀之一就是打造一支明星团队,而仅仅有一个明星领导人是远远不够的。在阿里巴巴帝国中,绝大多数成员的薪水在国内同行中处于中下游水平,但却拥有着罕见的职场忠诚度、从业幸福感和企业向心力。因此,有人还笑侃这支团队为"妖精团队"。

同时,很多人都疑惑不已,为什么马云的团队会拥有如此强大的战斗力和凝聚力?其中一个重要的原因是,团队合作是阿里巴巴的核心价值观之一。在阿里巴巴的考核制度中,对价值观的考核几乎占了半壁江山,与业绩考核平分秋色。

马云还对员工做过一段广为流传的论断:"公司员工一般分为3种:一种是'野狗'式的员工,这种人虽然能力很强,但是态度很差,严重影响公司的团结,必须清除;一种是'猎犬'式的员工,这种人不仅能力很强,而且态度认真,待人诚恳,团队意识强,正是我们珍惜的人才;一种是'小白兔'式的员工,这种人态度很好,待人热情,团队意识也不错,但是能力很差,做不出业绩,也是迟早要被淘汰的。"

从中不难看出,对于阿里巴巴而言,个人英雄主义不是企业需要的，无论个体多么出色，一旦他影响到了整个团队中的合作，损害到了团队的声誉，就会被驱逐出队伍，即便是高层领导也不能例外。阿里巴巴的功臣之一卫哲的辞职，便是对这一理念的最好诠释。

"我找不到离开百安居的理由，但是我找到了加入阿里巴巴的理由。"当初卫哲带着这样的理由从百安居离开，成为阿里巴巴团队的一员。卫哲是个很敬业的人，他的邮箱对所有的客户开放，除了在国际航班上，他一般会亲自处理客户和员工发给他的邮件。在4年多的时间里，卫哲完成了带领B2B上市、高层换血的使命，实现了国外业务布局，并成为B2B与投资者沟通的一个友好界面，在阿里巴巴向一家真正的国际化企业蜕变的过程中功不可没。

马云曾这样评价卫哲："卫哲有着杰出的销售推广与零售管理经验，他把运营一家公司所需要的专业运营方法带入了阿里巴巴。卫哲是目前很罕见的专业人才，他既有很棒的传统管理经验，同时又具备了互联网精神。"

然而，因为阿里巴巴的欺诈事件，战功赫赫的卫哲引咎辞职了。马云"挥泪斩马谡"，并没有挽留他。很多人不理解马云的做法，认为卫哲的离开无疑是阿里巴巴的损失。但是，阿里巴巴欺诈事件对团队的声誉造成了损害，作为B2B的领头人，卫哲责无旁贷。为了维护团队的利益，卫哲的辞职势在必行。马云的做法恰恰体现了团队的利益高于一切。

也正因为团队精神对阿里巴巴的重要性，才吸引了一批又一批的人才加入到这个帝国，并为之全心全意地贡献力量。团队合作、集体利益已经成为阿里巴巴员工的共识，这也使得阿里巴巴帝国更加稳固和强盛。

而另一方面，对于公司里不能胜任工作的人——小白兔，无疑也是一种浪费。因此，阿里巴巴实行优胜劣汰的任用原则，大大激发了员工的积极性，保证了整个企业始终保持昂扬的斗志和上进的状态，有效地克服了人浮于事的弊端，员工工作效率和部门效益都得到了显著提高。

个人单枪匹马闯江湖的时代早已成为历史，现代市场的生存法则和竞争机制决定了团队合作的重要性。企业需要将员工的优势整合集中起来，形成强大而高效的战斗力，从而带动企业的发展和壮大。

马云曾说过这样一段话："我自己在创业过程中遇到过很多问题，最大的问题不是缺钱，而是缺人。最有成就感的事情就是，到今天一大帮人为了阿里巴巴的梦想，为了他们每个人自己的梦想在阿里巴巴工作。"而这一切都要归功于马云和阿里巴巴对团队合作价值观的确立，以及员工们对团队价值的充分认可和遵守。

### 创业关键词：人才、价值观

**什么是团队呢？团队就是不要让另外一个人失败，不要让团队中的任何一个人失败。**

——马云

通常来说，很多企业在进行员工测评的时候，都会把业绩作为最重要的指标进行考核，对能够为企业创造价值的员工格外青睐。然而，对于成功的大企业而言，品行的考量首屈一指。不仅在阿里巴巴，乳品行业龙头蒙牛的总裁牛根生就说过："有才有德，提拔重用；有德无才，培养使用；有才无德，限制录用；无才无德，坚决不用。"

员工的品德无非是指对企业的忠诚度，这也是对一个员工的基本要求。一个才能有限的员工，或许对公司的发展起到的作用并不明显，但是一个忠诚度缺失的员工则有可能导致整个公司陷入绝境。

里森是一家食品公司的技术部副经理，业务能力突出，做事果断，还是一个谈判好手，深得老板的器重。有一次，一个老客户请里森吃饭，两人坐下来边吃边聊。里森得知，这个客户已经从一个小小的采购员摇身一变成为销售部经理了。聊着聊着，里森得知客户现在所在的公司也是食品公司，而且有不少产品是类似的，很明显是竞争对手。过了一会儿，客户若无其事地问他："听说你们公司最近在研发一种新的饮品，能不能提前透露一下？"听到客户的问话，里森顿时警觉起来。他是技术部副经理，对这个开发计划了如指掌，但他也明白这是公司的商业机密，是严禁透露的。

客户注意到了里森表情的变化，马上从随身携带的包里拿出一张支票，递给里森，并压低声音说："如果你能将这个研发计划的内容告诉我，我会给你 10 万美金的酬劳。"

里森看着这张数额不菲的支票，有些心动，想到自己在公司兢兢业业打拼多年，依然是个副经理，心里多少有些不甘。他又想，现在只有他们两个人，即便他把计划泄露出去，公司也不会知道是自己做的。

于是，里森收下了那张 10 万美元的支票，并把新计划的相关内容告诉了那个客户。

一个月后，里森所在公司的新产品计划已经接近尾声，而那个客户所在的公司也成功上市了一种新口味的饮料，其中的配方与里森所在公司投入重金的项目几乎完全相同。原来，对方在获得相关信息后，立刻投入资金和人员，抢先一步将产品推向市场。如此一来，里森的公司陷入了被动，而作为项目主要负责人的里森也引起了总经理的怀疑，不久便被辞退了。

由此可见，忠诚是一种美德，它体现了成员对团队的责任，同时也是一个团队凝聚力的保证。曾有人在全球著名的企业家间做过一个调查："你最看重员工的什么素质？"几乎所有企业家都不约而同地给出了一样的答案——忠诚。对此，微软创始人比尔·盖茨是这样解释的："这个社会并不缺乏能力强、有智慧的人，真正缺少的是既有才能又忠诚的人。相对而言，员工是否忠诚对于企业而言更为重要，因为智慧和能力不代表一个人的品质，对于企业而言，忠诚的价值远胜于智慧。"

## 3. 最优秀的不等于最适合的

有一次，马云参加中央电视台《赢在中国》节目，在点评一位创业方案和本人都十分成熟的选手时，他说了这样一段话："创业时期千万不要找明星团队，千万不要找已经成功过的人跟你一起创业，在创业时期要寻找这些梦之队：没有成功、渴望成功、平凡、团结，有共同理想的人。这是我看了很多人的创业过程才总结出来的。等你创业到了一定程度以后，再请进一些优秀的人才，对投资、对整个未来市场的开拓才会有所助益。尤其是 35 岁到 40 岁，已经成功过的人，他已经有钱了，他成功过，一起创业非常艰难。所以，我给你提出逐步引进，创业要找最适合的人，不要找最好的人。"

阿里巴巴在发展过程中犯过不少错误，其中就有高薪聘请的"牛人"结果却无处安放。

1999 年 9 月，阿里巴巴网站建立起来了，马云立志要使之成为中小企业敲开财富之门的引路人。同年 10 月，阿里巴巴获得了以高盛牵头提供的 500 万美元风险资金，马云立即着手的一件事情就是，从香港和美国引进大量的外部人才。

马云对外宣称，"创业人员只能够担任连长及以下的职位，团长级以上全部由 MBA 担任"。当时，阿里巴巴的 12 个高管团队成员中，除了马云自己，全部来自海外。

接下来几年，阿里巴巴聘用了更多的 MBA，包括哈佛、斯坦福等学校的 MBA，还有国内大学毕业的 MBA。但是，后来这些 MBA 中的 95% 都被马云开除了。

马云称之为："就好比把飞机引擎装在拖拉机上，最终还是飞不起来一样，我们在初期确实犯了这样的错误。那些职业经理人管理水平确实很高，但是不合适。"阿里巴巴当时的发展水平还容不下这样的人。

2002 年，互联网深陷泡沫泥潭，举步维艰，但是阿里巴巴集团还是通过了马云的提议，坚持"不给客户回扣"的原则。然而在第二个月，两个业绩排名最前的业务员通过给客户回扣的手段拿下的业务量，是当月所有业务总量的一大半。即便如此，马云还是坚决将这两个业务员开除了。虽然他们的业务能力很强，表现非常出色，但是因为没有遵守团队既定的"游戏规则"，最终只能出局。

卫哲是一位被市场认可的优秀经理人。他加入阿里巴巴第二年，便带领团队实现了 9.678 亿元的净利润，比上年增长了 357.6%。但是，在当年年底，马云对卫哲全年表现仅仅打了 75 分，认为他在价值观方面做得不够。但卫哲没有给予足够重视，2008 年继续以"忽略客户价值"为代价冲业绩。2008 年，马云在集团内开了一个针对卫哲的"批斗会"，从下午 6 点半到夜里 2 点 45 分，持续了 8 个多小时。会上没有其他议题，就是让卫哲的手下批判卫哲，指出卫哲的错误。与阿里巴巴集团格格不入的价值观，成为卫哲被批判的"中心思想"。几年后，卫哲因为供货商欺诈事件主动提出了辞职。

阿里巴巴需要人才，但更看重员工的职业道德。职业道德是一个人从事事业的基础。先做人，后做事，人做好了，才会做好事。不负责任，不注意企业信誉的行为，是马云所不允许的。

那么，优秀的人什么时候可以"为我所用"？正如马云对那位选手的点评中说的，"等到你的事业发展到一定程度以后，再聘请一些优秀的人才,才能对投资、对整个未来市场开拓产生积极的影响"。可见,创业精神是一个很奇怪的东西,优秀的人不一定有,不优秀的人不一定没有。

 **创业关键词:知人善任,人尽其才**

**创业要找最适合的人,不要找最好的人。**

——马云

价值观匹配的人不一定就是"适合"的人,还得有激情,并且是持久的激情。比尔·盖茨说过,微软的核心文化就是激情文化。2007年,马云给在公司干了五六年的300多名老员工开了3个"忆苦思甜"会,他说,"傻坚持比不坚持好"。正是有了这样一批拥趸,阿里巴巴得以度过艰难的创业期,并且在21世纪初网络泡沫的那几年逆势发展,成长为今天的中国网络巨无霸。

对创业者来说,寻找适合的人才要避免"60分现象"。美国著名培训师和企业顾问芭芭拉·格兰兹在《留住你的金员工》一书中披露了一项调查结果:只有不到15%的员工会全身心投入到自己的工作中;75%~80%的员工仅仅是"混饭吃"而已,他们只愿意承担"最低工作量";另外还有10%左右的人或者对工作失去了兴趣,或者已经疲惫不堪,无法胜任工作。显然,这75%~80%的人就是我们所谓的"适合的人"。

创业者要接受一个概念,"适合"是一个过渡性的概念,一个过程性的概念——没有从一开始到结尾一直"适合的人"。"适合的人"需要培养和维护。因此,创业者要善于发现潜在的"适合的人",也要及时将"不适合的人"坚决踢出团队,或者培养他成为"适合的人",或者维护使之重新成为"适合的人"。

至于培养和维护的方法，大致就是软硬兼施。所谓"软"，就是采取一些激励和引导的手段；所谓"硬"，就是采取一些强制手段。最终的目的都是使得被培养（维护）的"准适合之人"重新在价值观上与公司保持一致，重新找回工作的激情，激发出最大的能量，共同促进公司的发展。

## 4. 建立固若金汤的人才大本营

创业至今,阿里巴巴已经走过了 15 个年头。阿里帝国团队的核心成员依然还是早期一起创业的一帮人。马云底气十足地放话说,"谁也挖不走的团队",主要就是指这帮"朋友"。南存辉与胡成中"两个人都想当老板",于 1990 年分道扬镳;希望集团的刘氏兄弟,1992 年和 1995 年两次分手;宅急送的陈平 2008 年宣布离开创业伙伴重新创业;奥康鞋业的王振滔,2000 年搞了一次现代版的"杯酒释兵权"。如此种种,在企业壮大后,创业伙伴因为种种原因或者是不得不分手,或者是友好分手的不胜枚举。这么看来,阿里帝国的团队在企业已经成为中国最赚钱的互联网公司,历经了 15 个年头仍然可以抱团强势前进,实在是难能可贵。

不仅创业团队不离不弃,就连后来加入的员工,无论是孙悟空式的还是猪八戒式的,抑或是沙僧和白龙马式的员工,都在阿里巴巴找到了归属感。这对一个企业的发展而言无疑是最重要的,也是最宝贵的。有统计数据显示,阿里巴巴的跳槽率是 3.3%,远远低于一般企业的人才流动率(10% ~15%)。

中国有句古话,"皮之不存,毛将焉附"。打个比方,马云以及阿里巴巴的核心领导层是乘船的"人",庞大的普通员工组成的是"船"。"人"只有坐在"船"里才能劈风斩浪,到达目的地;"船"越坚固,到达目的地的可能性便越大;而"人"在"船"里划桨的力气,决定的是到达目的地的早晚和快慢。所以,企业要想成功,必须打造一个固若金汤的人才团队。

首先，建设公平、公正的企业文化，是打造人才团队的基础。一方面，企业要为员工提供一个轻松、快乐的办公环境。这包括软、硬两个环境：软环境是指公平、公正地对待员工，硬环境是指为员工提供的硬件条件。另一方面，企业要让员工体会到工作成果带来的乐趣。这包括显性和隐性两种成果：显性成果就是工资待遇和名誉，隐性成果就是实现人生价值。当这样的企业文化形成时，人才就很难被挖走了。在人才市场，阿里巴巴集团有一个做法为很多人熟知，那就是"不挖别人的墙脚"，但是也不怕"别人挖自己的墙脚"。这是阿里巴巴的自信，来自自身企业文化的自信。

其次，让团队里的每一个成员有事干、能干事、愿意干事。有事干，很简单，企业得是"活"的，有业务。能干事，就是要求企业要给予员工干事的空间，不能处处受掣肘：或者是"以上压下"，领导以高压的姿态强迫员工干活；或者是"左支右绌"，同僚借由非常规手段获取领导的额外宽待进行压制。愿意干事，就是指企业要让员工体验到干事的快乐。

第三，建立有效的奖励机制。在人力资源领域有一个著名的"271原则"，具体而言是指在一个超过10人的团队中，在阶段性评选时，要评选出20%最优秀的、70%满足期望的和10%末位淘汰的。这个原则被广泛地运用于商业领域和教育领域。阿里巴巴的奖金分配便遵循这一原则。不同的是，阿里巴巴更加突出公平性，加强了透明度。就此，马云有过这样一段言论："分配上，我们坚决不搞平均主义。平均主义是对辛勤付出且绩效优秀同事的不公平。不如此，阿里巴巴不可能实现'今天最好的表现是明天最低的要求'，也不可能挑战更高的目标。"显然，马云将奖金的分配与员工积极性的激励及目标的实现联系在一起了。

2011年，阿里巴巴做出了一个震动全国人力市场的举措。为了让员工安居乐业、减少后顾之忧，集团推出了30亿元的"iHome"职业贷款计划；同时投入5亿元成立阿里巴巴集团教育基金，专门解决员工子女的学前和小学教育费用；除此之外，还给基层员工一次性发放4000万元的物价和子女教育补贴，以应对CPI上涨压力。这些举措的背后，无疑是一笔不小的支出。这些资金投入准确地击中了基层员工的"软肋"——房贷压力、子女教育压力和日常开销压力。对于普通员工来说，解决了这几大问题，就解决了马斯洛需要理论底层的需要，接下来的需要就是"自我实现的需要"了。这样一来，员工把"自我实现的需要"与满足了底层需要的阿里巴巴联系在一起，就是顺理成章的了。

所有这些基本可以解释为什么阿里巴巴多次名列"CCTV年度最佳雇主"和"中国大学生最佳雇主"榜单，同样也就能解释阿里巴巴的员工跳槽率能低至3.3%。即便如此，马云在接受中央电视台的采访时还是放了一个大卫星："我们的目标是成为亚洲最佳雇主。"

另外，马云认为，有一种人是要提防的，那就是"在竞争者之间跳跃的人"。这种人是不容易满足的欲壑难填的人，或者是没有定性的"永远追求新鲜的人"。不管是哪种情况，都是一个追求做大做强的企业"不能承受之轻"。

## 创业关键词：目标、凝聚力、制度

**我自己不愿意聘用一个在竞争者之间跳跃的人。**

——马云

新东方创始人之一徐小平认为："创业者必须要有创业团队。一位创业者要做一个大型项目，却没有团队成员，他说团队就等他找到钱再辞职出来做。最好的创业团队，应该是两三位为了理想敢于冒险的人。"

一个年轻人想要创业，于是找来自己的几个同学和朋友，表明自己想要创业的想法和计划，希望他们一起加入。但是大家对他的蓝图似乎不感兴趣，甚至不认同。后来，在他的一再邀请下，有几个朋友加入了他的团队。

然而，公司成立后，他和朋友之间的冲突和分歧越来越多，他总认为自己是团队中的领导者，团队中的其他人都是自己职业规划中的成员，应该无条件地服从自己，而且他们应该无条件地为项目毫无保留地付出。但是，团队成员对他的个人能力并不认同，认为他还不足以胜任领导者的角色，甚至对他的独断专行颇有微词。结果，没到一年，他的团队就解散了。

由上可知，想要组建一个好的团队并非易事，需要注意以下几个方面：

（1）目标要明确。一个团队要想成功，首先要有强大的凝聚力，而凝聚力往往来源于明确的、坚定的目标。这个共同的目标是团队存在的基础，也是产生凝聚力的核心。整个团队的成员都要认可这个目标，并且为之付出努力。

（2）氛围要积极。团队的领导者要为成员们营造一种积极的氛围，使团队成员在工作中感受到快乐，帮助他们减轻工作中的压力。领导者在工作中可以适当授权，也可以和成员们分享一些信息，使团队成员有主人翁的体验，从而强化成员对工作和团队的热情。

（3）良好的制度。一个好的团队必然会有一套行之有效的良好制度。这种良好的制度形成了团队的行为准则，约束和规范成员养成好习惯，也可以使成员们之间的协作更加高效。

## 5. 信任是用人的关键

很少有人不知道淘宝网，淘宝网在某种程度上改变了人们传统的消费方式，堪称是一大变革。然而提起孙彤宇这个名字，却鲜为人知。他就是一手创建淘宝网而成为IT届无人不知、无人不晓的"财神"——淘宝网之父。

从1996年加盟"中国黄页"开始，孙彤宇就跟随马云从杭州一路走到北京，再回到杭州，尽管一路风雨兼程，但是孙彤宇始终不离不弃。和他一样的还有马云的另外16个创业伙伴——在今天的阿里巴巴集团内部，他们和马云一同被称为"十八罗汉"。

1999年阿里巴巴创立之初，马云就曾坦诚地对这些忠诚的追随者说："你们只能做连长、排长，团级以上干部我得另请高明。"

当时，孙彤宇在阿里巴巴是投资部经理，但是时隔4年后，当马云和他提及要创建淘宝网，并问他倘若把这个项目交给他，多久可以打败易趣时，孙彤宇拍着胸脯向马云立下了3年的军令状。当时阿里巴巴已经有很多"海归"和精英加盟，但是马云却大胆起用了孙彤宇这个"土鳖"一样的人。因为马云看得出，这个看似"土鳖"的"连、排长"，有朝一日可以成为独当一面的"师长"。

2003年4月14日，孙彤宇被任命为创建淘宝网的负责人，和十几个人一同开发。他经常带领他的团队连续几个星期泡在公司里，困了就洗把脸，在办公室打个盹儿。

他们的努力没有白费，马云也没有看错人，孙彤宇不负所望，带领他的团队出色地完成了使命。面对强大的竞争对手，孙彤宇带领团队勇敢地冲锋陷阵，经过几年的辛苦打拼，终于战胜了强大的竞争对手，创建了中国最大的网上消费者交易市场。

到2005年，淘宝网的市场占有率已经高达80%，彻底击败易趣，成功结束了跨国巨头试图垄断中国个人网上交易市场的计划，在中国互联网历史上书写了浓墨重彩的一笔！

马云认为，大胆起用并信任自己的员工，是企业用人的首要标准，同时也是一个成熟的企业迈向成功的第一步。对此，马云曾说过这样一段话："必须依赖并关心员工。你的员工，你的团队是唯一能够改变一切的力量。员工是帮助你实现梦想的基础。大企业总是抱怨创新过程中所碰到的问题，不知道如何实现目标，原因是他们没有倾听员工的意见。他们把太多的精力花在了股东身上。股东会给你很多意见，但是在执行过程中，他们却会离你而去。股东随时都在改变主意，但是你的员工却总是和你站在一起，支持你。我记得2000年和2001年是最艰难的时候，当时只有一群人和我并肩作战，他们就是我的同事。他们说：'马云，未来两年你不用给我发工资，我会和公司一起坚持到最后，因为你尊重我们，因为客户需要我们。'"

正是基于这种信任，马云才能带领他的团队创造出一个又一个互联网行业的传奇，创建了庞大的网络帝国。

由上可知，单枪匹马不能使一个企业走向成功，它需要集体的智慧和能量。而作为企业的领导者，应该扮演开发集体智慧的角色，让每一个有才能的员工实现自我价值，充分信任人才，这才是用人的关键。

# 创业关键词：信任

**创业最大的突破和挑战在于用人，而用人最大的突破在于信任人。**

——马云

很多公司的领导者都明白团队凝聚力的重要性，为此他们想方设法留住人才，其中物质激励是最常见的方式——员工做出多大的成绩，公司就会给予相应的奖励。事实上，物质奖励仅仅是用人的次要条件，尊重和信任才是激发员工热情、调动其积极性的关键因素。

有一家公司的老板，由于对自己的员工缺乏最基本的信任，所以把关键岗位都交给自己的亲戚，以至于整个公司成了一个家族企业。不仅如此，由于担心员工会泄露公司机密，公司内各个角落都偷偷安装了摄像头和监控设备，以监视员工的一举一动。终于有一天，老板的行为露出了马脚，被一名员工发现，这名员工忍无可忍，认为老板的行为侵犯了自己的隐私，在这样的公司工作没有基本的信任和尊重，愤然离职。

随后，这件事迅速在公司内部传播开来，剩下的员工也陆续提出辞职。尽管老板最终认识到了自己的错误，并提出加薪和升职的条件来挽留他们，但最终还是没能挽留住员工。为了确保公司的运营，老板不得不重新进行招聘。然而，新入职的员工和公司存在一定的磨合期，短期内无法适应市场业务拓展的需要，公司在苦苦支撑了大半年后，被迫倒闭了。

而另外一家公司老板的做法恰恰相反，这家公司所有的重要岗位的负责人都是从基层员工中提拔起来的。不仅如此，他还明确提出，他的亲戚要想升职必须经过更加严苛的考核。他经常陪同自己的太太出国考察，但是不管去哪里，他都会提前把权力下放给部下，授予下属自行决定公司事务的权力。所以，不论他在不在公司，各项工作都井井有条，

从未因为他的离开而受到影响，公司的业绩也逐年提升。

从上述两个例子可以看出，一个不信任员工的老板，不仅自身身心疲惫，而且还会导致公司运营陷入困境，甚至倒闭；而一个敢于放权，充分信任员工的老板，不仅生活惬意舒适，而且公司的业务发展也是一片生机。

古人曰："金石有声，不考不鸣；箫管有声，不吹不响。"一个人在得到充分的信任和肯定后，往往会显露出过人的才能。所以，创业者要让自己做到"知人善任，用人不疑"，对有能力的员工要敢于积极培养，大胆使用，给他们更大的发展空间和机会；同时充分相信和肯定员工，相信他们可以完成任务、胜任岗位，从而让员工发挥出自己的最大潜力，共同为公司的发展添砖加瓦。

## 第七课　领导与管理
"做一位像唐僧一样的好领导。"

　　管理100个蠢人是容易的，管理100个聪明人很难，因为每一个聪明人都觉得自己特别能干，而且谁都不服谁。怎么管理这100个聪明人？领导者要有超凡的眼光、胸怀和实力。聪明的人还是有弱点的，或者想有名，或者想有利；只要有弱点，便能够管理。但和尚很难管，因为他没有欲望，给什么都没有用，所以说"宁带千军，不带一僧"。我研究过宗教的管理，后来发现，最有效的管理是用文化去管理，而不是用制度去管理。

——马云

## 1. 唐僧团队的生存启示

《西游记》在我国家喻户晓，各种艺术形式层出不穷。茶余饭后，人们谈论起其中的情节，难免会替本领高强的孙悟空打抱不平，也津津乐道于唐僧的迂腐和不食人间烟火，在聊到猪八戒的贪吃懒惰和溜须拍马时难免会心一笑，还会或贬损沙僧的没有本事或褒扬他的忍耐吃苦。而在马云看来，故事中的4个主角都有全新的解读。

马云认为，唐僧团队是最完美的团队，因为每个成员都很普通。唐僧，身无长技，但目标坚定并且义无反顾，更重要的是，会念紧箍咒能掌控最有本事的孙悟空；孙悟空，身怀绝技，忠心耿耿；猪八戒，本事不大，但嘴甜如蜜，善于活跃气氛；沙僧，本领一般，但善于忍耐；白龙马，能力欠缺，但潜力无限。从团队的角度看，唐僧的3位高徒确实都很普通，有各自的不足，但也各有优势。

唐僧作为这个团队的核心，是带头大哥。他的职责是设定目标，坚持目标，并将团队成员凝聚在一起，万众一心，始终朝着目标努力。马云为自己的团队设定了目标——"我们要建成世界上最大的电子商务公司，要进入全球网站排名的前10位"。之后，无论是21世纪初互联网"泡沫"时期外部大环境带来的困难，还是2011年初集团内部高层人事大变动（内部因素）带来的困难，马云都十分坚定而且成功地予以解决。两次大事件的成功度过，马云扮演了定海神针和关键先生的角色，秉持的是公司的"价值底线"（两次分别用的是"独孤九剑"和"六脉神剑"）。

确定目标（包括设定价值观），然后坚定地朝着目标前进，守住"价值底线"，善于用人，让马云拥有了强大的领导力。当企业既定的价值观遭遇挑战时，马云坚定不移地进行了捍卫。20世纪初，连续3年，为了统一员工的思想，确定为所有员工认同和遵守的价值观，马云进行了商业领域众所周知的"整风运动"。2011年，高层人事变动，起因也是"底线"。

马云推崇唐僧团队，自然，他自己就是那个带头大哥。阿里巴巴自建立之初，即立下宏图之志；马云又亲自为公司设立价值观体系（独孤九剑），并亲自升级成二代版本（六脉神剑）。建立团队时更不必说，他首先亲自选配班长和副班长，然后由班级领导自主选配班级成员。从某种意义上说，马云就是一个布道者。因此，他敢于在央视《对话》栏目中底气十足地宣称谁也挖不走他的人。不管是卫哲、李旭辉式的"孙悟空"，还是其他阿里巴巴早期的创业成员，马云的团队都是或者曾经是踏踏实实跟着他干的人。而企业的带头人就应该是这样的布道者。

 **创业关键词：统一**

现在你需要踏踏实实、实实在在跟你一起干的人。

——马云

作为一个团队的核心，唐僧所起到的作用若用一个词来描述，就是"统一"：统一目标，统一思想，统一行动。

除了有一个好的带头大哥，唐僧团队的优秀，还在于它的人员构成是合理的。包括唐僧在内，师徒5人的性格特征和本领手段具有很强的互补性。

在性格特征上，唐僧执着、懦弱、稳重，孙悟空机智、勇敢、急躁，猪八戒憨直、懒怠、灵活，沙僧忠厚、诚恳、愚钝，白龙马坚忍、正直、冒失。在取经的过程中，唐僧的执着保证了大伙紧密地团结在一起，往前走；路遇各种妖魔鬼怪，孙悟空的机智、勇敢，猪八戒的灵活及沙僧与白龙马的协助，无往而不胜；取经路上难免磕磕绊绊，猪八戒的灵活成了解决问题的最好的润滑剂，并总是能提供解决问题的入口和机会；取经路上路途遥远，千难万险，没有沙僧和白龙马死心塌地追随，就不可能圆满地完成取经的任务。

在本领手段上，唐僧身无长技，孙悟空本领高强，猪八戒稀松平常，沙僧和白龙马就那么回事。孙悟空是当之无愧的老大，没有他在前面打前阵，后面的都是白搭。

团队成员的齐心协力很重要，克服各个成员的弱项同样重要。唐僧是带头大哥，必然要想办法把各个成员的弱项克服掉，甚至转化成优势资源。对于孙悟空，唐僧采用的是胡萝卜加大棒，一方面，兄弟情深，一方面，念起紧箍咒也毫不手软。对于猪八戒，唐僧采用的是偶尔批评，绝不纵容。一方面，猪八戒小毛病多，所以需要批评；一方面，猪八戒嘴巴最甜，哄得唐僧很高兴，但是对于猪八戒犯的错误，绝不纵容。对于沙僧和白龙马，唐僧采用的是鼓励加倚重，因为他们二位忠心耿耿，勤勤恳恳干活，没有什么大优点，也没有什么不良嗜好，做好安抚工作即可。

除此之外，唐僧深知，要想成大业，团队成员之间的精诚合作必不可少。对于几个徒弟的特点，唐僧心知肚明。能力上，孙悟空是当之无愧的班长，是领军的大将；猪八戒虽然本事不大，但是处事灵活，善于沟通，是副班长的不二人选。另外，孙悟空和猪八戒徒弟不睦，主要是因为孙悟空不喜欢猪八戒，且孙悟空又能完全压制猪八戒，所以，唐僧在小事上常常向着猪八戒，给他撑撑腰。不过，在大是大非问题上，唐僧毫不犹豫地公开支持孙悟空。沙僧和白龙马对两位师兄态度都很好，所以，唐僧不刻意着墨许多。

从唐僧团队可以看出，一个团队的成功与领导者的管理方式密不可分。每个团队都会有方方面面的人才汇聚到一起，倘若缺乏科学、合理的管理，这些人才便形同一盘散沙，毫无战斗力可言。所以，创业者要发挥表率作用，把团队成员紧密团结在一起，让不同的人朝着共同的目标努力。

## 2. 领导不必做劳模

对于一个团队来说，不管什么时候，最重要的团队成员一定是带头大哥。带头大哥要具备相应的领导能力。所谓领导能力，简而言之就是将成员捏合成一个整体，齐心协力地奔向既定目标的能力。领导者要干事，但不是干员工该干的事，而是干领导者该干的事。就是说，领导者要寻找到体现领导力的合适渠道和恰当的表现方式。

2003年9月23日，马云在并购雅虎中国后的第一次员工大会上说："创办一个伟大的公司，靠的不是一个Leader，而是每一个员工。我不承诺你们一定能发财、升官，我只能说——你们将在这个公司里遭受很多磨难、委屈，但在经历这一切以后，你就会知道什么是成长，以及怎样才可以打造一个伟大、坚强、勇敢的公司。"

真正成功的领导者并不一定是劳模，而是通过别人来拿业绩的，马云深知这一点。社会的发展十分迅猛，倘若一个公司的员工停滞不前，就难逃被淘汰的命运。而作为领导者，充分赋予员工一定的权力，为员工的成长提供学习和进步的机会，能够激励员工的上进心和斗志，让员工在工作中获得满足感，从而全身心地投入到工作中去。

"你突然发现自己当了3年领导，你的水平还是公司里最好的，那你根本就不适合当领导，领导是通过别人拿成果。"这是马云多年来在企业管理中奉行的原则。而他也是这样做的，将精力更多地放在培养能够代替他冲锋陷阵的将领上，而不是亲自上阵。正是这一点，让马云把阿里巴巴打造成了一个组织健康的企业平台。

2000年，彭翼捷毕业于西安交大外语系，进入阿里巴巴工作。在之后的7年时间里，她从一个普通的销售人员，变成了阿里巴巴执行董事兼副总裁，负责管理阿里巴巴的网站运营及发展。在2007年"长三角地区互联网经济发展高峰论坛"上，彭翼捷作为阿里巴巴的代表发表了主题为"长三角电子商务产业群合作发展"的演讲。

对于彭翼捷的晋升之路，有人称之为"坐着火箭上升"。其实，这在阿里巴巴内部并非个案：一个普通的前台接待员，通过历练和努力可以成为客服总监；宾馆的大堂经理，可以成为"支付宝"的副总经理……

这就是马云培养人才的理念，他希望阿里巴巴的员工都能淬炼成可以独当一面的前锋，代替自己在前线冲杀。

在阿里巴巴，只要你是可塑之才，都会得到公司的培养和重用。马云还为这些人提供各种培训机会，让他们可以选择不同的业务部门体验和提升自己，给他们接触不同业务的机会，锻炼各方面的能力。

而领导者需要做的是针对市场、企业和员工，做出正确的判断和满足他们的需求。马云就是这么做的。这也是为什么马云被归为"孔雀型"的领导，追随的人始终对他怀有信心。

## 创业关键词：适当放权

当干部之前你一定要让他学习怎样当干部。有很多干部是劳模干部，这类人很勤奋，如果你把他升为经理，他觉得领导喜欢我这样当经理，凡事带头干，但他却不能培养激励下属。真正优秀的领导是能让下属成为劳模的人，而不是自己当劳模。

——马云

三国时期著名的军事家诸葛亮，一生叱咤风云，血战赤壁、三气周瑜、七擒孟获、六出祁山，至今依然为人们所津津乐道，后人无不为其雄才大略和高度负责的敬业精神所折服。然而从另一个角度细想一下，诸葛亮大可不必事必躬亲，如果他能够适当、合理地授权给他人，或许不会过早离世，空留遗憾。

同样，在企业的人事管理中，领导者纵使能力再强，也不可能独掌一切。一个高明的领导者能够明确下级所要承担的责任，做到适当放权。

北欧航空系统一度存在这样的陈规陋习，公司董事长卡尔松对此进行了改革，依靠充分放权，给予部下充分的信任和空间。

最初，卡尔松的目标是让公司成为整个欧洲最准时的航空公司，但却无从下手。于是，他四处寻找合适的人来负责这件事，最后终于找到了合适的人选。他亲自拜访了那个人："我们该怎么做才能成为欧洲最准时的航空公司？您能帮我解决这个问题吗？给您几个星期的时间，然后看看我们是不是可以实现这个目标。"

过了几个星期，这个人来见卡尔松。卡尔松问他："怎么样？能不能做？"

这个人回答说："能，不过可能需要半年时间，而且差不多需要花费160万美元……"

卡尔松打断他的话，说："太好了，说下去。"因为卡尔松原本预算会花掉这个数额的5倍多。那人吓了一跳，接着说："稍等，我还带了人来，准备向您汇报一下我们的具体工作计划。"

卡尔松立即说："不用了，你们就放手去做好了。"

4个多月后，那个人请卡尔松去，并把几个月来的成绩报告拿给他看，自然北欧公司如期成为欧洲第一。而这只是他要给卡尔松看的一部分，更重要的是，他比预算资金节省了50万美元，仅仅花费了110万美元。

卡尔松事后说："倘若我只告诉他'现在给你一项工作，让我们公司成为欧洲最准时的航空公司，现在我给你200万美元的资金，你就这么这么做。'结果会是另一种模样：6个月他会回来告诉我：'我们已经很努力了，并且也取得了一些进展，但是离目标还是有一些距离，大概还需要3个月左右。经费也要追加100万美元。'但是这次却没有发生这样的状况。他提出的要求，我都可以满足，他自己就顺利地完成了。"

对于领导者而言，事必躬亲，一是容易将注意力落在小处，导致企业最重要的问题不能够被聚焦，忽略全局；二是会压抑下属和员工的成长，导致人员流失；三是容易用个性取代流程。

对于员工而言，长期在一个事必躬亲的领导手下工作，容易产生这样的想法：既然自己不是决策者，也没办法拍板，那么只能给出模棱两可的意见，领导自然会做出决定的。甚至会出现连分内的事情也不愿意承担，导致形成一个悲剧性的恶性循环。

在现代社会条件下，各种新矛盾、新问题不断涌现。面对各种可能出现的问题和情势，领导者要学会打破传统的管理方式，学会适当授权给下属，给予下属锻炼和成长的机会，同时自己也能以更加充沛的精力去把握大局，做好决策。

## 3. 果断、理性是决策的左膀右臂

2005年6月，在苏州会议中心阿里巴巴的网商论坛上，马云面对台下800多位职业经理人和企业老总，侃侃而谈："看见10只兔子，你到底抓哪一只？有些人一会儿抓这只兔子，一会儿抓那只兔子，最后可能一只也抓不住。CEO的主要任务不是寻找机会而是对机会说NO。机会太多，只能抓一个。我只能抓一只兔子，抓多了，所有都会丢掉。"

在搜索新规则未上线之前，淘宝网发现随着卖家的数量越来越多，80%的流量集中到15%的卖家上。不少卖家为了在搜索上获得更好的排名和更多的展现机会，采用了很多作弊手段，如炒作信用、虚假交易等。为了规范这些不诚信的行为，淘宝网在2010年7月8日推行了新的搜索规则，将卖家服务质量对搜索结果的影响作为重点考察。"卖家的违规扣分程度、退款次数和比例、投诉笔数等，将直接影响其在淘宝搜索结果中的排名。同时，作弊记录也开始累积并存档，作为衡量卖家服务质量的因素之一。作弊的卖家会被搜索引擎降权，严重的甚至直接过滤不展现。"显然，这种规则更有利于诚信经营的中小卖家，但同时，原先依靠"低价"博出位的服务质量差的"欠诚信"卖家的利益将遭受较大损失，于是出现了多次大规模的淘宝卖家聚集在淘宝杭州总部门前抗议，甚至有的淘宝卖家在雨中下跪。一时间，淘宝网以及阿里巴巴承受了来自舆论的巨大压力。

在与这些卖家进行交涉后，马云发出了一封态度强硬的邮件："对那些不愿意拥抱变化、喜欢活在昨天的人，喜欢卖假货、喜欢做不诚信

## 第七课 领导与管理
### 做一位像唐僧一样的好领导

的人，我想说'你们就恨我吧'！由于时代在进步，我们必须改变自己，即使淘宝网放过你，时代也不会放过你。"马云的强硬让这些卖家看不到任何恢复旧规则的希望，只能渐渐散去。而这些卖家的最终散去，并不仅仅是因为马云态度的强硬，还因为他们自己底气不足。马云看清了他们的问题所在，所以断然拒绝了他们的无理要求。

之后，马云进行了反思："我们到底做错了什么？为了鼓励大家在淘宝网上创业，坚持7年不向会员强制收取开店费和交易费，坚持扶持创业者和中小卖家，7年多的日日夜夜奋斗，结果换回来的是各种各样的指责，我们值得这样吗？……我们是否应该放弃自己促进新商业文明的使命，而回到仅仅是一家普普通通的赚钱公司……"

9月5日晚，马云给阿里巴巴全体员工发出了一份名为《为理想而生存》公开信。他在信中针对因公司修改搜索规则而引发抗议一事做出了正式回应："对那些辛苦的创业者，我想说今天是创业最好的时候。一切梦想的成功一定和眼泪和汗水有关，和坚持诚信努力有关！……我们害怕的是不透明的竞争，不诚信的竞争，不公平的竞争！"

为了摒弃不透明的竞争、不诚信的竞争和不公平的竞争，淘宝网对搜索规则进行改变，就是为了让努力而诚信的卖家得到更多的展示。结果也确实如此，数据显示，实施新规则后，2颗心到4颗钻的店铺流量增加最多。实施新规则的第二周，就有25万2颗心等级的卖家流量增长了50%，此外还有超过30万的2颗心卖家流量增长30%。

至此，马云说出了他的观点："对那些躲在背后的网络黑色产业链和希望我们放弃原则的人，我想说，我们从来不会因为利益而改变自己，我们更不会因为压力而放弃自己的原则！……我们宁可关掉自己的公司，也不会放弃自己的原则。"

"我们从第一天起就坚持赚钱不是我们的目的，而仅仅是我们的结果。"

马云的果断和理性在这次危机的处置中展现得淋漓尽致。首先，他果断地拒绝了那些卖家的无理取闹，接着为了将事件控制在公司价值观取向和利益取舍的问题范畴内，分别向社会和全体员工发出邮件，阐述立场和观点。在向社会发出的邮件中，马云措辞严厉，直指问题要害，防止问题性质改变和事态扩大；在向员工发出的邮件中，马云措辞坚定，再次确立企业价值观，将企业价值观因此次事件冲击造成的负面影响降到最低。

 **创业关键词：果断、决策**

　　CEO的主要任务不是寻找机会而是对机会说NO。机会太多，只能抓一个。

——马云

　　美国著名思想家爱默生有一句名言：你，正如你所思。它告诉我们，个人成就的大小常常取决于思维模式的不同。而人们的眼界和视野往往又为我们做出决策提供可靠的前提和前瞻性的支撑。

　　日本拥有170家大规模企业，员工总数达10万人的西武集团，是日本三大集团之一。松下幸之助曾称誉该集团总裁堤义明为"西武集团的中兴之祖"、"日本服务业第一人"。

　　西武集团的第一代领导人是堤义明的父亲，父亲去世后，堤义明接管西武事业。次年，一个巨大的抉择就摆在堤家产业面前。当时的日本经济一片繁荣，很多人都将目光投向了东京的房地产，认为这是以小博大的绝佳机会。很多知名企业蜂拥来到东京，准备分一杯羹。当所有人都认为实力雄厚的西武集团一定会大手笔地投入时，年轻的堤义明却做出了一个令人惊讶的决定："西武集团将撤出东京的房地产业！"

　　所有的日本企业家对他的决定感到匪夷所思，觉得西武集团不可能放弃这么好的赚钱机会，甚至有人对堤义明的领导能力产生了质疑。而在集团内部，以宫内严、森田重光为首的"八大金刚"，以及公司的大部分人都陆续提出了反对意见。

在没接手西武的时候，堤义明曾对父亲承诺过，10年间只做自己的本业，不投资其他产业。然而，市场是在变化的，他要让企业适应新的环境，以谋求长足发展。在最高决策会议上，面对一些年长于他，并且有着多年管理经验的高层人员，堤义明真诚地说："我认为东京土地投资的黄金时期已经过去了。供给本应是平衡的，而大家猛炒地皮的结果，会打破这种平衡。因此，我觉得东京房产业的失衡将是必然。对此，公司一定要做出英明的选择。今天大家的意见有分歧，这是正常的。假如大家的想法都一致，我反而认为事情就不好了。虽然大家现在并不认同我的看法，但我坚信这是对的。总之，这个问题我已经做决定了，大家就按照我的决策执行吧。"

一年后，西武集团的高层管理人员发现，堤义明的决定竟然是对的。此时的东京地产业开始崩盘，大部分土地投资者在炒卖的旋涡里挣扎、迷茫，只有堤义明成了最后的赢家。

对于创业者来说，做出决策的前提是，对问题的框架和具体内容有全局的把握，以及对其可能的发展和影响做出大体的预估。此时，宽阔的眼界显得尤为重要，它将帮助企业者兼顾整体和长远发展，最终做出正确的决策。

此外，创业者要注意的是，决断性意志不只是仅凭主观意志，不顾客观实际和发展规律的一意孤行，也不是抓不住机遇，犹豫不前。只有建立在现实的观察和科学发展方向上的决断，才能体现出刚性的意志，为创业者的成功助一臂之力。

## 4. 黑脸白脸都要唱

一个出色的企业领导不仅要为企业树立正确的企业文化，坚定员工的信念，还要在关键时刻"舍得一身肉，剐下一层皮"，坚决果断地处理突发事件以及涉事者。

2010 年，在发现 B2B 公司的"中国供应商"签约客户中有欺诈现象后，马云立即指示集团成立专门小组调查取证。经查实，2009 年有 1219 家"中国供应商"涉嫌欺诈，占总数的 1.1%；2010 年有 1107 家"中国供应商"涉嫌欺诈，占总数的 0.8%。更为严重的是，经查实，公司直销团队有部分员工默许甚至协助这些骗子公司加入阿里巴巴平台。骗子的动机自不必说。参与其中的员工显然是为了争取高业绩而罔顾公司的价值信条——客户第一。

事件发生后，马云在 2011 年春节后的第一个周五向社会发布了《马云给阿里人的一封信》。他在信中公布了处理结果——CEO 卫哲和 COO 李旭辉辞职，并坦诚了集团公司对于此次事件的态度和自己的感受。谈及自己的感受时，马云说："过去的一个多月，我很痛苦，很纠结，很愤怒……如果今天我们没有面对现实，没有勇于担当和刮骨疗伤的勇气，阿里将不再是阿里……他们（指卫哲、李旭辉）敢于担当，愿意承担责任的行为非常值得钦佩。"

马云虽然明知卫哲和李旭辉并不知情并且没有直接牵涉其中，也知道他们曾经立下汗马功劳，更亲口承认"这 4 年里，他（卫哲）的痛苦超过了我们"，但是，在将此事与公司的价值观进行权衡后，他毅然表示卫哲触及了阿里巴巴的高压线，因此"承担最大代价的一定是CEO"，否则"阿里巴巴的价值观就是只针对员工的，就是贴在墙上的"。

在整个欺诈门事件中，马云是那个得罪人、唱黑脸的人，因为他是阿里帝国的领头人。在发生了威胁到阿里帝国根基的事件后，领导需要做的就是承担起最大的责任。此时，所谓的得罪人，所谓的唱黑脸，实质上就是承担责任。因此，从这一点来看，卫哲和马云均扮演了责任承担者的角色。

对普通员工同样如此。阿里巴巴内部关于员工有一个出名的分类：业绩好但不很遵守价值观的员工是"野狗型"；能遵守价值观但业绩差的员工是"小白兔型"；业绩好且遵守价值观的员工是"猎狗型"。"猎狗型"员工是要重点培养的；"野狗型"员工将对其进行公司价值观培养；"小白兔型"员工将对其进行业务能力培训。经过培训后，能够遵守公司价值观的"野狗型"员工和业绩有所提升的"小白兔型"员工将留用，其余的则淘汰。对大多数人来说，淘汰"小白兔型"员工可以理解，但淘汰那些业绩非常好的"野狗型"员工则难以理解。

对此，马云说："这个世界不需要再多一家互联网公司，也不需要再多一家会挣钱的公司；这个世界需要的是一家更加开放、更加透明、更加懂得分享、更加有责任感，也更为全球化的公司；这个世界需要的是一家来自于社会，服务于社会，对未来社会敢于承担责任的公司；这个世界需要的是一种文化，一种精神，一种信念，一种担当。因为只有这些才能让我们在艰苦的创业中走得更远，走得更好，走得更舒坦。"

## 创业关键词：恩威并施，宽严相济

> 我们公司是每半年评估一次，评下来，虽然你工作很努力，也很出色，但你就是最后一个，非常对不起，你就得离开。在两个人和两百人之间，我只能选择对两个人残酷。
>
> ——马云

江户时代名君之一、备前冈山藩主池田光政说过这么一番话：

"若想很好地统治国家，领导者必须恩威并施。若没有威严只懂得施恩，下属就会像被娇纵惯了的孩子一样不听教训，结果做不出任何贡献。相反，只表现出威严则会让人们表面上唯命是从，实则无心效劳，最后也无法成事。在施恩的同时赏罚分明，才是真正的威严。因此，不施恩惠光有威严毫无用处，没有威严光有施恩也无法奏效。不过，重要的是需了解实情，否则恩威都不会有任何作用。"

这实在是至理名言。换而言之，所谓的威严与恩惠也是指严厉与和善、批评与赞赏。领导者需同时兼顾，并且把握适当的分寸。

倘若过于严苛，令下属唯唯诺诺，连意见都不敢提，就会出现集体噤声、毫无生气的局面；倘若过于宽厚，又很容易失去权威，导致员工对工作懈怠，对公司纪律熟视无睹。

一家超级市场的老板，每年都会在欢迎新职员的大会上讲这样一段话："在我们公司的员工中，未婚女性占了很大一部分，公司将代表你的家人来替你们把关。因为，公司不希望在你们嫁人后，被丈夫发现你们连选购商品的眼光都没有；公司也不希望看到你们出嫁后，居然逢人连招呼都不会打。所以，公司在这方面的培训很重视，要求也很严格，希望你们都能胜任自己的工作。请你们记住，公司之所以会这么做，不仅是为了顾客和公司好，更是为了你们每个人的努力都能得到回报。如果你们在这方面出了错，那么公司也就不能留下你们了。"

这位老板的话很有道理，一开始就让员工体会到了他的宽严相济，他在强调公司利益的同时，也考虑到了员工的利益。此外，他还对那些表现突出的员工以及做过贡献的老员工制定了相应的福利政策和奖励。

超市里有一位设计工程师，从超市开业筹备阶段就负责整个设计、制作和监督工作，他对金钱没有太大的欲望，只想踏踏实实地做事。也正因为这一点，超市上下对他都很敬重。对这样一个勤勉认真的员工，应怎样表达自己的感情，成了摆在超市老板面前的难题。因为仅仅在物质上给予奖励，并不足以表达他的心意。后来，超市老板无意中得知这个设计师很爱喝酒，于是投其所好，送给他一些名贵的酒。这位设计师对此很是感激，工作的劲头更足了。

人才的管理离不开约束。领导对于下属，应是慈母手握钟馗剑，平日里关怀备至，犯错误时则要严加惩戒，恩威并施，宽严相济，如此才能成功统御。慈母的手，慈母的心，是每一位经营者都应该拥有的。对于自己的下属，要维护和关爱。因为他们是你的同路人，甚至是你的依靠。而且也只有如此才能团结他们，达到目的。但是，同时还要严厉。这种严厉是基于人类的基本特性的。有些人不需要监督就能自觉地做好工作，不出差错。但大多数人是好逸恶劳的，必须有人在后面随时督促，给他压力，才会使他谨慎做事。对于这种人，只能严加管束，一刻也不能放松。领导者在管理下属时宽严得体是十分重要的，尤其是在原则和法规面前，更应毫不相让，严格要求。对于违犯了纪律的下属，应该按公司原则论处，该罚则罚，绝不姑息。如果对下属纵容过度，工作秩序就无法维持，也不会培养好人才。太照顾人情世故，反而会造成管理的混乱。

## 5. 建立行之有效的激励机制

激励机制，说起来似乎有些空洞，但却是领导者必须考虑的重要问题。鼓励员工干活不能仅仅依靠一时的物质刺激，更不能只是口惠而实不至；既要保证员工工作情绪持续稳定，又要保证员工在特定时间里干劲十足、精神饱满，所以，一套完整、有效、切实可行的激励机制必不可少。这包括两个方面的内容：

首先是建立一套完整的评价机制。在"独孤九剑"时代，阿里巴巴曾经实施过一个对员工进行考核的评价制度：按季度对员工的价值观与业绩进行一次全面绩效评价，并在此基础上确定具体的奖惩措施。确立价值观在评价体系中的优势地位：价值观得分在总分中占比50%；价值观得分在18分以下或者任意单项得分在1分以下，将被取消参与绩效评定的资格并扣除全部绩效奖金；价值观得分在18分到27分之间，将被扣除业绩得分15%。最终评分结果，在基于当年目标全面实现的基础上向优秀员工倾斜，对于管理人员也以此为基础进行"2-7-1"排序。

这样一套完整的评价机制对于阿里巴巴来说，不仅是对员工（管理人员）进行甄别的好工具，也为激励员工（管理人员）提供了客观公正的符合企业利益的参照物。

其次，建立一套完整的奖励机制。和其他公司一样，阿里巴巴给员工提供的奖励形式多种多样，除了加薪、股票期权、奖金、培训机会和新的工作机会之外，还有一种比较特殊的奖励形式——受限制股份单位。马云很早就在考虑如何建立一个长效的激励制度，在与高层研究商讨后，他从创投模式中的 Vesting 条款发展而来一个"受限制股份单位计划"，并对其逐步完善。"在阿里巴巴内部（可以说）有一个共识——（现金）奖金是对过去表现的认可，受限制股份单位计划则是对未来的预期，是公司认为你将来能做出更大贡献才授予你的。"一位阿里巴巴的员工这样说道。

阿里巴巴的员工每年都可以得到至少一份受限制股份单位奖励，每一份奖励的具体数量可能因职位、贡献的不同而存在差异。据阿里巴巴网络 2011 年财报显示，截至当年末，尚未行使的受限制股份单位数量总计约 5264 万份，全部为雇员持有。2012 年，阿里巴巴网络私有化时，香港恒生指数从 30000 点左右一路下跌至 10000 点左右，但阿里巴巴对员工持有的受限制股份单位仍然按照 2007 年上市时的每股 13.5 港元进行回购。每一次受限制股份单位的回购，都会在员工中来一次集体造富运动。退市后，阿里巴巴把新授予的受限制股份单位改为了集团股的认购权。对于员工来说，持股本身并不会带来分红收入，而是在行权时才会带来一次性的收益。阿里巴巴成立以来，曾采用 4 项股权奖励计划授出股权报酬，包括阿里巴巴 1999 年购股权计划、2004 年购股权计划、2005 年购股权计划和 2007 年股份奖励计划。

从上述情况可以看出，马云对如何激励员工颇有心得。对此，他还曾说过这样的话："我并不知道怎么去激励员工，我觉得我们的员工不是我去激励他们，是大家认为这个目标是可行的。比方说，我以前讲阿里巴巴会变成什么样，大家都会说这个不可能，但是我们的目标一年一个样，这是他们的目标而不是我的目标。从他的嘴巴里说出来的时候他觉得是他的东西。激励不是天天讲成功学的东西，激励是让人的思想精华区思考，一定要让他觉得这是他应该学的，而不是你要求他的。"

## 创业关键词：激励机制

我们应该给员工发年终奖，并且给优秀的员工加工资。我觉得给员工加工资不应该跟外部经济形势挂钩，他干得好，你承诺过他的就应该给他加。但如果外面经济形势非常好，而他却干得不好，那就不能加。跟外部经济是没有关系的。

——马云

著名企业家、管理大师艾柯卡曾经说过："一个经理人能够有效地激励他人，便是出色的经理人。要使一个组织有活力有生气，激励就是一切。也许你可以干两个人的活，但你无法成为两个人，你必须全力以赴，去激励另一个人，也让他激励手下的人。"确实，单枪匹马闯天下的时代早已过去，要想取得全局的胜利，只有团队协作，共同努力。因此，一个好的领导者，要为员工注入工作的动力，不断激励他们，帮助他们提高工作的热情，从而发挥出最大的能量。

有一家不大的模具公司，虽然工作条件比较简陋，设施也比较陈旧，但是每一个员工都专心致志地做着手头的工作，即使身边没有领导监督，也无一偷懒。有人问这家公司的老板，秘诀是什么？

老板解释道："秘诀就是，每一道工序都规定有详细的定额报酬，每天干得好与坏，员工们心里都很清楚。"

这家公司的老板找到了劳动效率和劳动报酬的平衡点，从而大大提高了员工的工作积极性。

对于领导者来说，建立完整的、行之有效的激励机制，需要注意以下几点：

（1）一旦确定下来后，就应该是相对稳定不变的。一个成熟的领导者，如果要做大做强自己的企业，任何一项与企业运行有关的举措一且出台，都不应该再随便变动。

（2）企业的激励机制要能反激励，能对员工进行负强化。受限制股份单位计划和认购权规定员工只有在服务企业一段时期后，参与到企业集体回购中才可能兑现。否则，只能是低价转让，甚至血本无归。

（3）要为企业激励机制设置反馈机制，从而形成管理者与员工之间的双向交流。员工与领导者的双向交流顺畅是团队合作的核心内容：一方面，管理者对员工的指挥命令能"有令必行"；另一方面，员工对管理者能放心指出问题，提出意见和建议。

（4）企业激励机制应该配套建立纠错机制。任何一个新生事物的诞生总是与这样那样的问题相伴相随，新生事物要想发展与完善，必须随时发现并解决问题。

人人都有成功的欲望，无论是身怀绝技的人才还是勤勉踏实的普通员工，都有追求成功的心理。因此，创业者要铭记这一点：确立行之有效的激励机制能够最大限度地调动员工的积极性和创造性，充分发挥员工的特长和才华，从而为企业的发展做出更加突出的贡献。

## 第八课　融资与财富

### "免费是世界上最贵的东西。"

　　我一直以来的理念就是：真正想赚钱的人必须把钱看轻，如果你脑子里老是想着钱的话，肯定不可能赚钱的。如果一个人脑子里想的都是钱，就永远不能成功，永远不能成为企业家。只有当一个人想着去帮助别人，去为社会创造财富，为国家发展做贡献的时候，才能真正成功。

——马云

## 1. 金钱不应成为第一目标

著名主持人杨澜曾在一次节目中采访马云，以下是对话节选：

杨澜："当你决定要辞去一份收入虽然不高但是很稳定的大学老师的工作，开始创办"中国黄页"时，你觉得是一个什么样的想法？我仍然不能够完全接受你所说的只是为了多一点社会实践。"

马云："很多人不能接受，但是我事实上就是这样。怎么说呢？我是 20 世纪 60 年代末出生的人，是个理想主义者，在学校里教书，天天给学生讲课，我觉得自己还是比较单纯、幼稚。尤其是现在，我越来越明确一点：人生是一个过程，而不是一个目的，你经历过多少，犯过多少错误，这才是最宝贵的。"

杨澜："但是这让你听起来像个圣人。你真是这样想的？你真不是为钱？"

马云："我比其他大部分 CEO 要坚强的是，我不为钱干，永远不把赚钱作为公司的第一目标。你说到这个就要做到。最后你反过来看自己赚了很多钱，这是个结果，它不是我追求的目标。因为我坚信，如果一个人脑子里就想赚钱的话，他脑子里想的是钱，眼睛里是人民币、港币，讲话全是美元，没人愿意跟你这样的人做生意。"

如今网络购物已经渐渐成为现代人生活的一部分，有数据显示，截至 2013 年，淘宝网拥有近 5 亿的注册用户数，每天有超过 6000 万的固定访客，同时每天的在线商品数超过 8 亿件，平均每分钟售出 4.8 万件商品。截至 2011 年底，淘宝网单日交易额峰值达到 43.8 亿元，创造 270.8 万直接且充分的就业机会。随着淘宝网规模的扩大和用户数量的增加，淘宝网也从单一的 C2C 网络集市变成了包括 C2C、团购、分销、拍卖等多种电子商务模式在内的综合性零售商圈。但是，马云并没有在商业成功所带来的巨大财富面前沾沾自喜。

正如马云所说，淘宝网在自身不断完善的同时，曾经遭遇网购中出现的安全问题，那就是网络支付的安全问题。假如这个问题能够得到解决，那么将会在中国的电子交易市场获得巨大的成功。华尔街的投资者就曾经预言："谁在支付上占据了主动，谁也就掌握了中国的电子商务市场。"

为了解决这个问题，马云也想了很多办法，比如在淘宝网上设置多重安全防线、设置手机和信用卡认证、信誉记录等。但是，这些都没有从根本上解决这个问题。马云决心将这场攻坚战进行到底，支付宝的诞生就是他的团队潜心研发的成果。

2003 年支付宝一经试探性推出，便取得了不错的成绩。在近一年的时间里，使用支付宝进行网络支付的人已经占淘宝网用户的一半。随着支付宝的不断完善和升级，马云又于 2005 年推出了支付平台 alipay 网站，支付宝被定位为国内电子商务在线支付的技术标准。

支付宝不仅为阿里巴巴和淘宝网的用户提供服务，还为其他电子商务公司的客户提供服务。此外，阿里巴巴还提出了"全面赔付"，对使用支付宝而上当受骗的用户，将全额赔付其遭受的损失。对此，马云拍着胸脯说："不是赔个几百几千，如果真的受骗了，一个亿我们也会赔。"

这种方式开创了国内电子商务的先河，尽管这样做的风险很大，但是马云认为风险是可控的，不会出现大的差错，即便遇到最糟糕的结果，那么几个亿也是赔得起的。相较而言，保证客户资金的安全，做到信守承诺是最重要的。

除此之外，阿里巴巴还提出了免收异地汇款的手续费，这让人们更加觉得不可思议。一个商人，居然不以赚钱为第一目标。对此，淘宝网执行总经理孙彤宇是这样解释的："支付宝是在2003年10月推出的。我们现在回想，如果没有支付宝这种安全交易媒介的话，那么中国电子商务市场不会那么成熟。马总想解决的是整个中国电子商务中的支付问题，而不是仅仅给淘宝网找一个支付的平台。"

马云认为，世界上最愚蠢的人，就是自以为是、耍小聪明的人；同样，最想自己发财的人，也很难发财。很多人觉得做企业就要赚钱，赚更多的钱，但这并不是阿里巴巴的第一目标。

这也正如马云在接受《新闻会客厅》的采访时所说的话：

"出来创业的时候，我就觉得一个人消耗的钱其实不会很多，但是选择不一样，有的人是因为生活压力，为了更多的钱。我从学校出来就是为了更多的经验和经历，后来慢慢上升到我想影响别人，帮助更多的人，然后再回过头来看，还挣了不少钱，那是一个结果。所以我认为赚钱不是目的，赚钱不是任何企业的目的，赚钱是任何企业的结果，赚钱也是每个人想要成功。而我是希望帮助别人，希望能够完善这个组织，这样别人才会跟你合作。"

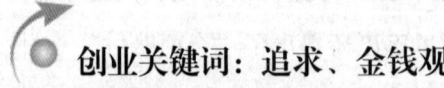

### 创业关键词：追求、金钱观

你不管做任何事情，脑子里都不能有功利心。如果一个人脑子里想着人民币，眼睛看到的是美元，嘴巴吐出来的是英镑，这样的人是永远不会把客户需求放在第一位的。

——马云

## 第八课　融资与财富

### 免费是世界上最贵的东西

有一位成功人士说过:"世界上80%的喜剧跟钱没有关系,但是80%的悲剧都跟钱有关系。一个人的快乐不是因为拥有的多,而是计较的少。亿万富翁也有不快乐的时候,乞丐也有快乐的时光。"也就是说,一个人的幸福感和成就感,并不一定取决于金钱的多少。

现实中很多人觉得,工作和创业无非是为了挣钱和发财。殊不知这种心态常常会降低他们抵御风险的能力,正所谓"欲速则不达",很多时候,你太想得到的东西,往往得不到。所以,我们要学会将对金钱的迫切渴望转换成对人生价值的追求,将精力集中到事业的价值与发展上,而不要把目光局限在当下收获金钱的多寡上。只有认准了要做的事情,不改初衷地坚持下去,才有可能取得成功。

一个中国留学生在美国纽约华尔街附近的一家餐馆打工。每天下班后,他都会和餐馆的大厨聊聊自己的理想:"你看吧,总有一天我会在华尔街闯出一番天地。"大厨吃惊地看着他,问道:"你毕业后想做什么呢?"他回答说:"当然是进入一家大型的跨国公司,这样我的前途就有保障了,我就有钱了。"大厨又说:"我没问你这些,我想问的是你以后的工作目标和人生乐趣。"留学生突然沉默了。

大厨感叹道:"如果经济持续低迷,餐馆关门,我就只好去做银行家了。"听了大厨的话,留学生大吃一惊,觉得大厨肯定是疯了,要么就是自己的耳朵出了问题:眼前这个自己从没看起过的餐馆大厨,怎么能和银行家扯上关系呢?

看到留学生吃惊和怀疑的神情,大厨解释说:"以前我就在华尔街的银行里上班,每天很早就起床上班,晚上会加班到凌晨,这种生活让我感到厌倦。而我年轻的时候就喜欢做菜,看着自己亲手烹制的饭菜让亲友们吃得津津有味,我心里感到很幸福。有一次,我加班到深夜两点多,在办公室里吃着难以下咽的汉堡包,心里突然冒出一个想法,我要辞职去做一个美食家,这样我不仅可以满足自己的味蕾,还可以让他人品尝到我的厨艺。"

正如这位大厨所说，工作的目的是什么？仅仅是为了金钱吗？实际上，为了兴趣和爱好去做自己喜欢做的事情，才是真正有意义的，尽管收获的金钱会少一些，但是在工作中收获的乐趣和自我认同感，是多少财富都换不来的。

所以，创业者要端正创业的初衷，除了对成功的渴望和热情，还要摆正心态，正确看待财富。不拒绝财富，同时也不唯利是图，不让自己成为金钱的奴隶。

## 2. 别小看 5 分硬币

2005 年马云接受媒体采访时，曾经讲过这样一件事：

"我们在宁波招聘员工时，有一位女士，找到当地一个很偏僻、又黑又破的居民区单元房的 5 楼时，不相信大名鼎鼎的阿里巴巴分公司会在这样的居民楼里。于是，她跑下楼打电话给她的男朋友，叮嘱说：'要是半小时后我没打电话给你的话，你就到这儿来找我。'

"就目前的阿里巴巴而言，可以说并不缺钱，而我们大多数分公司的办公地点，却都是在居民点的单元房里。不要说在宁波，就是在东京、纽约，我们都有能力租当地最贵的办公地点，但我们没有这样做。为什么？我们要让所有员工知道，来阿里巴巴，就是要把阿里巴巴做大，把分公司的办公室从小单元房搬到当地最高级的写字楼。"

浙江商人的务实、节俭是出了名的，马云也不例外。马云的理想是办一家由中国人创办的世界上最好的公司。他也清楚地知道，为此他必须要以吃苦的精神去实现完美的梦想。对创业团队而言，要度过艰苦的岁月，肯吃苦无疑是最重要的品质，也是对企业的试金石。倘若一个团队不能吃苦，不懂节约，注定与成功无缘。

创业初期的阿里巴巴，靠大家东拼西凑了 50 万元起步。看似数目不小的一笔钱，却连预期的 10 个月都没能坚持下来。为了坚持运营、压缩成本，公司开始了一段艰苦的岁月。

他们买不起车，就连坐出租车都觉得奢侈。马云外出办事也从不打车，倘若距离不远，就步行走过去；只有距离确实远，他才会乘坐出租车,而且向来都选择价格相对低廉的"夏利",从不打"桑塔纳"。阿里巴巴集团资深总裁金建杭回忆说:"我们打车,一看是'桑塔纳',本来手都举起来了,就跟人家出租车司机聊上几句打发过去,直到看见'夏利'才坐上去。"可以说,阿里巴巴从创业初期就养成了艰苦、节约的优良传统。那些创业初期经历过艰苦岁月的员工,如今都成了阿里巴巴的高管,但是他们出行坐飞机很少选择头等舱,打车也尽量选择便宜的。在阿里巴巴办公室门口的复印机上放着一个储蓄罐,旁边的墙上有一张纸,详细地规定了复印机的使用说明:个人因私事复印每张5分钱,自觉投币;公司内部文件要双面用,多于150份的要外包交由前台处理……

对此,现任阿里巴巴小微金融服务集团CEO彭蕾也深有感触。在回忆创业之初的艰辛时,她说:"那个时候没有什么分工,哪个工作缺人,你又能做一点,就去做。其实我就是个管钱的,买盒饭,打印纸没了就去买纸,就管这些。因为那个时候没有公司。"

当时彭蕾是阿里巴巴的出纳员,凡是涉及到花钱的事情,都由她做主。那时,她经常利用业余时间拉着同事满大街去置办办公用品,说货比三家一点也不为过。如果觉得性价比不高,她立马就去找价格更便宜、性价比更高的。后来,淘宝网上线,同事们都戏称这个名字与彭蕾当年爱"淘"东西的经历和习惯有着不解的渊源。

如今的阿里巴巴早已今非昔比,马云也曾豪气地宣称:"一天要盈利100万!"但是,这种节俭的良好风气却一直保留了下来。金建杭也说过:"因为公司成本控制得好,给客户提供的价值就越大。这个习惯大家还是保持得不错,无论有钱没钱,没钱是这么过,有钱也这么过。"

**创业关键词:节俭、理财**

以前没钱时,每花一分钱我们都认认真真考虑,现在我们有钱了还是像没钱时一样花钱,因为我今天花的钱是风险资本的钱,我们必须为

# 第八课 融资与财富
## 免费是世界上最贵的东西

他们负责任。

——马云

犹太商人一向以高财商闻名于世，他们很看重点滴累积的"恒财"：在他们看来，实现财务自由的第一步就是要守住自己手里的钱，接着就是让它动起来。比如世界股神巴菲特、第一个亿万巨富洛克菲勒……这些财富赢家只不过是有意无意地恪守了这一财富规律。他们绝不会为了炫富或者享乐而铺张浪费，而是厉行节约，把钱用到最关键的地方。

节俭，不是坐拥金山过苦日子，而是要善用和管理金钱，克己、自律，过一种有远见的生活。否则，即便坐拥万贯家财，早晚会有挥霍光的一天。所以，对于创业者而言，无论钱多钱少，重要的是如何去打理。如果你有正确的理财观念和方法，哪怕囊中羞涩，也可以重见天日。

20世纪初，华尔街的传奇人物杰西·利弗莫尔，14岁时就在证券大厅赚了第一个1000美元，20岁时赚了第一个10000美元，在财富巅峰期他曾拥有过2500万美元……然而，这位"投机小子"一下子拥有这么多财富后，却开始一掷千金地置办豪宅、游艇、自用火车，甚至还购买了私人飞机，这在当时简直可以称为奇闻……后来，他因为投资股票失利，沦为了乞丐、酒鬼，最终他在一个四处透风的公寓里走完了生命的最后一程，身后还欠下了226万美元的巨额债务。

日本营销之父中岛薰的金钱哲学是："如果让我在一夕之间便拥有上亿美元的财富，对我未必是一件好事，充其量我只是手上有一大笔钱的暴发户而已，我的生活状态、想法、知识还是维持原样。"

世界首富比尔·盖茨也是如此。有一次，他和一个朋友到希尔顿酒店开会，晚到了几分钟，结果停车位已经满了。朋友提议将车停在收费较高的贵客车位上，比尔·盖茨没有同意，朋友笑着说："多付的12美元，我来付。"但是比尔·盖茨仍然没有同意，他认为这是超值收费，是一种浪费。他有这样一句名言："花钱就像炒菜，要恰到好处。盐少了，饭菜就会索然无味；而盐多了，就会苦咸难咽。"

其实，不仅比尔·盖茨如此，世界上很多财富长青的大富豪面对金钱都是如此，他们绝不会因为富有而肆意挥霍金钱，极尽奢华，也不会因为钱少而随意浪费。

可见，真正让人实现富足的并不是金钱的数量，而是人自身的财富性格。而节俭恰是我们要学习和保有的品质，它就像一味镇静剂，时刻提醒我们记住自己的理想和目标，帮助我们养成良好的管理财富的习惯，清醒地意识到自己的职责，并且在节俭的过程中不断修正自我。

## 3. 想发财，先看轻财富

马云从杭州师范学院毕业后，在杭州电子工业学院（现杭州电子科技大学）任英语及国际贸易讲师。戏剧性的是，马云在杭州师范学院念书的几年时间里，几乎每天都在琢磨将来如何避免当老师。他总觉得男孩不适合当老师，而且教师收入微薄，每个月只有十几块的津贴。但他又觉得倘若就这样离开学院，心中还有眷恋和愧疚。

带着这种纠结的心理，马云还是走上了教师岗位，并且是当年杭州师范学院毕业生中唯一一个被分配到学校里当老师的学生。为此，杭州师范学院的校长还对他说："学校为你自豪，希望你能留在这个岗位上至少 5 年。"校长之所以这样说，是因为他觉得如果马云不能踏踏实实地在学校里当老师，最终跳槽出去，那么杭州师范学院以后的毕业生再也不会有人愿意分到学校里了，所以校长迫切地希望马云可以做一个带头人，给以后的毕业生树立榜样。

果然，校长的一番话让马云心甘情愿地在学校里一待就是 6 年。尽管这个岗位每个月只有不到 90 元的工资，而且当时马云周围的朋友和同学纷纷选择了下海，还有一些去了国外，但是马云始终不为所动，坚守着自己的承诺，在教师的岗位上认真工作，还曾被评为全校最好的 10 位老师之一，甚至被破格提为"讲师"。可想而知，这对于被称为"如果 3 天没有新主意，一定会难受得要死"的马云而言有多么不易！

但是不可否认的是，这段经历使马云收获了很多金钱之外的东西。阿里巴巴中最初和马云一同创业的 18 个元老中，就有他的学生。他们从学生时代开始,就把马云视为偶像;马云选择创业后,他们也紧随其后,一路走到了今天。

身为老师,马云总是教给学生最有效的学习方法。当年杭州西湖边上的英语角就是马云创立的,在 20 世纪 90 年代特别有名,很多学生还有上班族都慕名前去学习。当时望湖宾馆的大堂副经理便是其中之一,他每次都积极参加活动,风雨不误,后来成了马云的学生,现在也是马云身边的得力助手。

此外,马云的妻子张瑛是他在杭州电子工业学院时的同事;阿里巴巴的另一位创始人彭蕾,也是他在杭州电子工业学院时的同事和好朋友。

由上可知,马云在杭州电子工业学院做老师的几年中,积累了阿里巴巴创业路上的核心力量,这是他一生中最宝贵的收获。

同时,做教师的这段经历,也让马云在平淡的日子里体会到了生活的意义,学会了如何面对金钱,为后来的创业积累了宝贵的精神财富。

 **创业关键词:金钱观**

做企业有生意人、商人和企业家之分:生意人是完全的利益驱动者,一切以钱为主,为了钱他可以什么都做;商人重利轻离别,但有所为有所不为;而企业家是带着使命感要完成某种社会价值的,是去改变社会。

——马云

罗兰曾经说过:"爱钱的人很难使自己不成为金钱的奴隶。多数人在有了钱之后,会时时刻刻为保存既有的和争取更多的钱而烦心。他的生意越大,得失越重,越难以找回海阔天空的心境。"

每个人都喜欢钱,马云也不例外,但是他并不沉迷于金钱,这在某种程度上决定了他今天的成就。所以,要想拥有财富,就要学会正确面

## 第八课 融资与财富
### 免费是世界上最贵的东西

对金钱。

下面是一个纽约的金融顾问的亲身经历：她每天都穿梭在最惬意的59街，对深埋在第三大道十字路口的沥青里的两美分硬币浮想联翩。她觉得这是一场有趣的游戏，她固执地遵守着自己的游戏规则，不希望借助任何工具的帮助得到它。几年后的一个夏日午后，炙热的太阳烤得地面发烫，她甚至可以感觉到沥青的松软，于是不惜损坏用13美元做的指甲，成功挖掘到了其中一美分。

这时，红灯闪亮，车流滚滚而来，她不得不放弃了对另一枚硬币的渴望，这种得到的快乐让她不由得在人潮涌动的大街上开始享受自己的快乐。然而，当她高高抛起这枚硬币的时候，意外发生了，这枚让她魂牵梦萦了那么久的硬币，瞬间从手中滑落、滚动，最终滚落到街道旁的下水道里，消失得无影无踪。她等待了那么多年的硬币，居然在短短几分钟内又消失了，她甚至还没有好好享受这种快乐。

这枚硬币的小小奇遇，突然让她有了全新的视角去看待金钱和欲望：其实，这枚硬币以及金钱本身是那么软弱无力，它所做的就是等待人们像疯子一样，殚精竭虑地去挖掘它、得到它、使用它、保存它、花掉它甚至失去它。事实上，金钱的命运，完全取决于支配它的人的行为。

金钱本身是没有力量的，它所有的力量都来自于人。一个人可以从贫穷到富裕到贫穷再到富裕，问题的关键在于你有没有挖掘并驾驭金钱的胆识、勇气和能力。

## 4. 帮别人赚钱，自己才会赚钱

2007年11月6日下午，香港。主席台上的马云表情严肃而认真地对台下的记者们说："如果不让别人富起来，阿里巴巴会是一个虚幻的东西。"

《道德经》中有这样一段话："将欲去之，必固举之；将欲夺之，必固予之；将欲灭之，必先学之。"后人将老子的这段话总结为：欲想取之，必先予之。意思是想要得到一些东西，就要学会先给予。做生意也是如此，只有先让合作伙伴得到利益，让对方赚到钱，自己才会赚钱。

马云深谙此法，他曾说："阿里巴巴的初衷是，帮助更多的人赚到钱———这才是阿里巴巴为社会所创造的真正价值。""我想证明给全世界的一点是，中国会出现一家，由中国人创建的、充满激情和梦想的、世界级的大公司。"正因为如此，马云成功地将阿里巴巴和淘宝网推向了互联网前沿。

下面是《新京报》的记者对马云的一段采访：

《新京报》：阿里巴巴上市后，媒体报道的数字是成就"上千富人帮"，其原因在哪？你又是怎么考虑的？

马云：阿里巴巴从创建那天开始就是分散持股，甚至全员持股。因为我一直认为管理一家公司需要的不是股权，而是智慧。中国有太多企业因为强调控股权与控制权最终陷入利益争斗，影响到公司的发展。分享，这不仅仅是管理公司的心得，同时也是阿里巴巴对电子商务的理

第八课 融资与财富
免费是世界上最贵的东西

解。阿里巴巴要做的事情首先是帮助客户赚到钱，然后才是让自己赚钱，这才是电子商务的根本，也是互联网精神的根本。

《新京报》：阿里巴巴倡导的商业模式究竟有多少投资人可以理解？对于你们高达300倍的PE值，很多人都表示怀疑，甚至有人计算说2008年你们需要赚至少5亿美元才能维持投资者如此高的期待。

马云：其实最初投资阿里巴巴的投资者没有几个能搞懂阿里巴巴的商业模式。如果说谁很清楚我们的模式，我都会表示怀疑。在香港，刚开始的时候，很多人甚至把我们当作出租车公司，因为很多出租车上面有我们的广告。但这些并不妨碍我们的团队去倾听客户的想法和声音，我们的客户能够了解我们，这就足够了。

《新京报》：作为一个企业的领导者，难道不是带领企业不断创造价值才是取得资本市场信任的关键吗？

马云：你说的没有错，但是有一个前提，企业创造的价值应该怎样去衡量。在阿里巴巴看来，创造财富固然是一方面，但作为企业公民，尤其是在如今的互联网产业环境下，企业除了自身创造财富，还要纳税，创造就业机会，参与慈善活动，但这些都还不够。对互联网企业来说，承担社会责任是更具有意义的行动。

而对于今天淘宝网的成绩，前中国雅虎总裁曾鸣曾用"大舍大得"来总结马云的战术。由于舍得投资、舍得"烧钱"、甘于先让别人赚钱，马云才成功实现了"跑马圈地"的目标，淘宝网才能在2010年实现高达50亿元的盈利。这也有力地验证了马云始终坚持的想法："淘宝网要真正赚钱，我还是这句话：要开始考虑赚钱的时候，是你帮别人真正赚了钱的时候。"

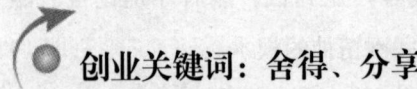
## 创业关键词：舍得、分享

> 我们去帮助别人发财，别人发财了，我们才能发财，因为我们所需的并不多。
>
> ——马云

新东方创始人俞敏洪在一次演讲中这样说道："比如说现在你有6个苹果，你有2个选择：第一，你一口把它们全部吃掉，但你也可以自己吃1个，给别人分5个。表面上你丢了5个苹果，实际上你1个也没丢，因为你获得了5个人的友谊。当你有困难的时候，他们就很愿意来帮你。我吃了你1个苹果，当我有橘子的时候，无论如何我要分给你1个橘子。你用这种方式收集了另外的5种水果。"

其实这个道理并不难懂，遗憾的是，很多企业者并没有意识到。面对利益，很多人都想多拿多得，甚至一个人独享。而这样做的后果往往是与伙伴生出隔阂，最终分道扬镳。

一位成功的企业家，经过十几年的打拼，终于将生意做得有声有色，最后成功上市。这时，在股权利益如何分配的问题上，他与合伙人产生了严重的分歧。这个企业家认为自己对企业的贡献最大，当初创建公司的人也是自己，理所当然应享有75%的股份，其余的5位合伙人平分25%的股份。对此，其他5位合伙人认为这样做不公平，应当重新对股权进行分配。公司上市本是一件好事，但是由于几个股东在股权分配问题上争执不休，导致公司的管理和经营陷入停滞，大家都无心处理公司事务，各种问题也逐渐显现。企业家还把责任推到其他几个人身上。

此后，几个合伙人之间的分歧和隔阂越来越大，最后，和企业家一同创业的5个合伙人相继离开了公司，重新成立了一个新的公司，还带走了很多客户，使公司的经营陷入了困境。焦急万分的企业家为了让公司摆脱困境，公开宣称谁能为公司拉到大客户，就可以分到公司的股权，但他与之前 5 位合伙人之间的纠纷早就在公司内部传开了，大家并不相信他的许诺。最后，公司的经营越来越差，不得不申请破产。

这就是独享财富带来的后果，可见，只有摒弃私心贪念，乐于与他人分享，才能得到更多自己想要的东西。

## 5. 财散人聚，学会分享

2005年8月7日，百度上市后第3天，《北京晨报》的一篇新闻这样写道："一位5年前做最粗浅工作的程序员昨天惊讶地发现，一觉醒来之后，自己已成了千万富翁，缔造这场奇迹的是中国最大的网络搜索公司百度。因为百度在美上市，7位亿万富翁、上百位千万富翁与数量更多的百万富翁在昨天诞生，他们中多数6年前还是学生。"

2007年7月28日下午，马云在浙江杭州的黄龙体育馆里向参加年会的6000多名员工公布，阿里巴巴旗下的B2B业务已正式启动上市程序，全场顿时一片沸腾。11月6日，阿里巴巴成功在香港上市，首日市值就突破200亿美元，一跃成为中国市值最大的互联网概念股。

在阿里巴巴B2B上市招股说明书中，包括董事在内的阿里巴巴的4900名持股员工，共持有阿里巴巴4.04068311亿股股份、3919.1742万股认购权以及25.0767万股受限制股权，合计4.435亿股，平均每名员工持股90.5万股。倘若以阿里巴巴招股价中间价11港元计算，平均下来每名员工可获100万港元；假如以上市当日的收盘价39.5港元计算，将有近千名员工成为身家超过200万港元的富翁！有人称之为中国互联网历史上覆盖面最广、数额最高的一次集体"造富"运动！

而这一切都与马云"财散人聚"的理念有着直接关系。正如阿里巴巴独立董事、蒙牛董事长牛根生对马云的评价一样，马云对于精英从来都是不惜血本的。阿里巴巴一上市，加入阿里巴巴刚满一年的卫哲，就凭借马云分享的1.06%的股份，身家立即飙升至14亿港元。

## 免费是世界上最贵的东西

2007 年 12 月 7 日，阿里巴巴为庆祝 B2B 在港上市满月，在总部杭州召开了满月庆功酒会。蒙牛董事长牛根生在"满月酒"的致辞中说道："马云财散人聚的能力不比老牛差，我是他薪酬委员会的主席，当然有些东西我不能透露。我发现马云分钱大手笔的能力非常强。这就是他的分享能力，所以财散就能人聚。"

牛根生认为马云是一位分享能力出众的"领头羊"。他乐于把财富与所有的阿里巴巴人共享，极大地调动了员工的积极性，使得员工都把企业的事情当作自己的终生事业去努力拼搏。

回首阿里巴巴从 1999 年在杭州成立，到 2007 年在香港上市，经历了"8 年抗战"，这期间，马云始终称自己是"丐帮帮主"。当百度、腾讯等互联网上市公司的员工都可以以百万论身家，阿里巴巴的员工却只能羡慕。当时阿里巴巴的客户大多是中小型企业，就连在百度上购买搜索服务都要算计成本，传统的广告就更不用说了。也就是从那时起，马云说："阿里巴巴是穷人为穷人服务。"

有很多场合，马云在谈及个人股份时经常会提及那句老生常谈的话："从第一天开始，我就没想过用控股的方式控制，也不想以自己一个人去控制别人，这个公司需要把股权分散。这样，其他股东和员工才更有信心和干劲。"而他是这么说，也是这么做的，他让阿里巴巴的 4900 名员工共同见证了公司的成长和发展，共享公司蓬勃发展所带来的财富和利益。

### 创业关键词：财散人聚

阿里巴巴发现了金矿，但我们绝对不自己去挖，我们希望别人去挖，他挖到了金矿给我一块就可以了。

——马云

从古至今，财富都不意味着处心积虑，而是分享互助，因为它反映了心灵的成长，凝聚了苦难与欢乐的共享。一个懂得分享的领导者总会说，公司的一切是属于全体员工的。当合作获利时，他也能拿捏好分配的尺度，绝不独享。

1999 年，创业之初的蒙牛集团，注册资本只有 100 万元。创始人牛根生发誓要做一家和伊利一样大的企业。伊利的老总郑俊怀听说后，不禁笑着说："100 万元能干什么！"令他意想不到的是，牛根生居然吸引了他手下的众多能人为之效力。对此，牛根生感动不已，他真诚地告诉这些人，不要弃明投暗，但大家都坚定地认为跟着他会有大好前景。在这些人的努力下，蒙牛的发展日新月异。

牛根生将蒙牛集团的股份几乎全分给了员工，他的住房面积甚至还没有手下人的大，他拿到的薪水也没有手下高管拿得多，他还曾将 108 万元年薪全部分给集团的员工。正是他这种主动散财的精神，使得蒙牛集团在短短几年时间里飞速发展，一跃成为中国乳制品企业的前三甲。

我们都知道"有得必有失"，同样的道理，"有失也必有得"。就像蒙牛集团总裁牛根生一样，他舍得将钱财散给众人，为蒙牛招募了一大批优秀人才，使企业得以迅速发展，创造了一个企业界的神话。牛根生由此坚持认为："钱可以聚人、驭人，只有我先为人人，才能换来人人为我。"

由此可见，一个人如何看待财富，往往决定着事业未来的走向。如果创业者懂得将财富散给他人，懂得分享，就会吸引更多的人聚集在他的身边，帮助他创造更多的财富。反之，倘若创业者紧紧地将财富聚集在自己手里，那么，没有人会愿意追随他，和他一起创造财富，最终他的财富也会慢慢枯竭。

散财聚人心，这是经商的至高境界，也是汇聚人心的不二法门。创业者要记住：散财不是为了炫耀，而是为了聚人，更是为了帮人。正所谓"财聚人散，财散人聚"，当你真正体会到其中的真谛，离财富就会越来越近。

# 第九课　口才与演讲
## "智慧的人用心说话。"

　　马云兼有商人的狡猾、政客的辩才和宗教领袖的启发性。远观是看不透的，大概只有最亲近者才能了解他的内心。
　　　　　　　——甲骨文公司大中华区产品战略部高级总监刘松

## 1. 坦诚开启心灵之门

2010年12月6日,优米网携手阿里巴巴董事局主席马云推出贺岁巨献——"马云与80后面对面"。马云颠覆往日"创业教父"的形象,与80后激情互动,现身说法。在活动中,马云表示创业板的目的就是支持创新,假如投资了股票不准卖,于创新行业而言无疑是一个打击。

马云说:"如果你不去把这个事情变成现实,什么都是浮云。假如你愿意从今天开始改变自己,一点一滴去做,那就不是浮云,我是这么觉得。我有时候很浪漫,想很多事,但我要问自己愿不愿意,自己立刻、马上、现在去改。如果我愿意,它会变成真的东西。

"大家觉得马云很能讲话,很能忽悠,很能包装,我不是包装出来的。我站在这,我背后有22000名优秀的员工,很多人现在还在上班,是他们干出来的,我只是替他们讲话而已,他们绝不是浮云。

"这10年走下来犯了很多错误,绝大部分人犯的错误我犯了,没犯过的我也犯了。我不想说自己多么能干,没有我的团队,没有这个时代,没有中国的改革开放,没有邓小平,什么都没有。我父亲跟我说过,你早生20年就给抓进去了。"

可以看出,马云是在用心说话,他和公众分享实话,自然会赢得公众的追捧。创立阿里巴巴这么多年来,马云最常用的沟通方式就是讲真话,他曾表示:"真话是最难讲也最容易讲的。真话永远听起来不爽,但是它又是最爽的。"

马云在沃顿商学院、麻省理工学院和哈佛商学院都做过演讲。他因何能说服哈佛毕业生？哈佛—清华高层经理研修讲座曾做过一次调查，90％以上的与会学员对阿里巴巴的远见、创新、战略、团队等重要指标评了高分，不少人甚至评了满分。另外，马云独树一帜的沟通方式也颇为有效，他说，"每次去哈佛总是骂一些人"，骂人的背后，是马云"讲真话"的沟通方式。

2001年，曾有一位网友向马云提问："为什么您做公关这么强？我在海外看到的第一个介绍中国互联网的报道就是关于阿里巴巴的，请介绍一些秘诀。"

马云的回答是："唯一的秘诀是永远讲真话，不管在什么地方，什么时候，永远说你心里想的。不要为了迎合媒体，讲他们爱听的话或者欺骗他们。如果你现在撒一个谎，可能将来忘了，等人家问你的时候，你不得不圆谎，这会让你很痛苦。所有人都喜欢诚实的人，但不是所有人在任何时候都说真话。如果你这么做了，你就显得与众不同。"

## 创业关键词：坦诚表达

学生都特别喜欢我的方式，因为我说如果你们希望听假话，我可以跟大家讲得很虚伪。但是我相信这儿所有的年轻人跟我一样，希望听真话，所以我跟他们进行了彻底坦诚的沟通。世界上最难的是讲真话，最容易的也是讲真话，所以你跟他们讲真话的时候他们会听，他们都是聪明人。哈佛也拒绝了很多聪明人，所以我每次去哈佛总是会骂一些人，骂他们是因为爱他们，如果连骂都不骂的时候，我就是不爱他们了。

——马云

说话的魅力并不在于表达的流畅和滔滔不绝，而在于是否坦诚。我们都知道，最能推销产品的人并不一定是口若悬河的人，而是善于表达真诚的人。当创业者学会用得体、真诚的语言去表达想法时，就很容易赢得对方的信任，从而建立起人际信赖关系。

美国前总统林肯就很注意培养自己说话的真诚情谊，他说："一滴蜂蜜要比一加仑胆汁更能吸引更多的苍蝇。人也不例外，假如你想赢得人心，首先就要让他确定你是他最真诚的朋友。那么做，就如同一滴蜂蜜吸引住他的心，相当于一条坦然大道，通往他的理性彼岸。"1858年，他在一次竞选辩论中说："你可以在所有的时候欺骗某些人，也可以在某些时候欺骗所有的人，但你不可能在所有的时候欺骗所有的人。"这句著名的政治格言成了林肯的座右铭。

这也就是说，只要说话者情真意切，话语充满真诚，就一定能打动听者的心。日本著名的推销员原一平说过："做人做生意都一样，第一要诀是真诚。真诚如同树木的根，假如没有根，那么树木也就没有生命了。"原一平自身的成功也证明了这一点。

原一平年轻时是一家机器公司的推销员。有一次，他创造了半个月就和30个客户签订了合同的佳绩。然而，没过多久，他发现他所推销的机器的价格要比其他公司生产的同种机器要高。他觉得如果客户知道了，一定会以为他在欺骗他们，进而对他的信用产生怀疑。为了妥善解决问题，原一平带着合约书和订单，挨家逐户地拜访客户，诚实地告知客户实情，并请客户重新考虑选择。这种坦诚的做法让客户们深受感动。结果，这些客户没有一个人解除合同，反而因此更加信赖原一平，成了他的忠实客户。

生活中，倘若说话只追求外表漂亮，缺乏真挚的感情，或许可以欺骗别人的耳朵，却无法争取到别人的心。著名演讲家李燕杰说过："在演说和一切艺术活动中，唯有真诚，才能使人怒；唯有真诚，才能使人怜；唯有真诚，才能使人信服。"因此，创业者要让自己的话富有感染力，让人动心，唯有坦诚。

## 2. 善于倾听才能出口服众

在与他人沟通的过程中,马云很善于让自己处于蓄势待发的优势地位,而这种优势主要源自于善于倾听。倾听可以为他赢得思考的时间,保持冷静和理性。许多成功的企业家都是善于倾听的人,他们冷静而沉着,懂得在倾听中学习和思考。

马云在创业初期曾遭遇失败,来自各方面的压力可想而知,但他并没有在失败面前低头,而是在坎坷的淬炼中越来越坚强和沉稳。1999年初,马云在中国外经贸部做网站已经小有名气,当时在新加坡召开的全亚洲电子商务大会也向他发出了邀请函。

这次亚洲电子商务大会,到会的亚洲人并不多,更多的是那些金发碧眼的欧洲人,一度占整个与会人数的80%。由此可见,当时亚洲电子商务的发展仍处于初级阶段,甚至还没有起步。这个大会只是徒有"虚名",不得不重金邀请一些老外前来高谈阔论。

由于与会人员多数是外国人,大会的议题也基本上是围绕着欧洲的电子商务展开,当这些老外大谈 eBay、亚马逊时,坐在台下认真聆听的马云却在暗自观察和思考。轮到他发言的时候,他几乎丝毫没有犹豫,用流利的英文说道:"亚洲电子商务进入了一个误区。亚洲是亚洲,美国是美国,现在的电子商务全是美国模式,亚洲应该有自己独特的模式。"

一语激起千层浪,当时会场一片哗然。而日后的事实证明,马云的判断是准确的。

从中可以看出，当大家都在阐述自己的观点、发表见解时，马云却聪明地选择了认真倾听，分析他人的讲话，结合自己的想法进行分析和思考，从而冷静地得出自己的观点和看法，在大会的最后一鸣惊人。而这种善于倾听的方式，正是马云得以出口服众的过人之处。

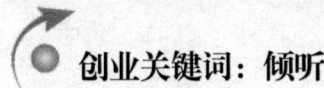

### 创业关键词：倾听

走出自己的逻辑，善于倾听别人的人容易成功；永远活在自己逻辑中的人是走不远的。

——马云

马云曾经说过："傻瓜用嘴说话，聪明人用脑说话，智慧人用心说话。"的确如此，只用嘴巴、不用脑子所说的话是傻话，只有经过头脑审慎思考后的话，才能更好地实现说话的目的和效果。

很多时候，话不在多，关键在于说话的时机是否合适，话题是否恰当，语言是否得体。而且我们不难发现，那些在社交中受欢迎的人，很多都是善于聆听的人，实际上，这也是与人沟通的最佳方式之一。

美国著名主持人林克莱特曾对一个小朋友进行采访，问他："你长大了想当什么呀？"小朋友天真地回答："我要当飞机驾驶员！"

林克莱特接着问："假如有一天，你开着飞机飞到太平洋上空，所有引擎都熄火了，你该怎么办？"

小朋友思考了一下，说："我会让飞机上的人都把安全带系好，然后我挂上我的降落伞，先跳下去。"

听到这里，现场的观众哄堂大笑，林克莱特却在观察孩子。这时，孩子突然哭了，林克莱特发觉这孩子的悲悯之情远非笔墨所能形容，于是问道："你为什么要这么做？"

小孩子脱口而出："我要去拿燃料，我还要回来！我还要回来！"

林克莱特的成功之处就在于，他让孩子把话说完，并在现场的观众哄堂大笑的时候，依然保持着倾听者应该具有的一分亲切、平和和耐心，让大家听到了这位小朋友最善良、最纯真、最清澈的心语。

　　所以，倾听是一种能力。学会聆听往往比学会表达更难。一个善于倾听的人，是懂得给予人尊重和理解的人，他们更善于在生活中参悟人生，正所谓"处处留心皆学问"。当创业者走出自己的小天地，试着站在别人的立场上做一个好听众，就能够成为一个广受欢迎的交际高手，为自己赢得众多的朋友，从而拥有良好的人脉。

## 3. 风趣幽默，妙语连珠

幽默是说话的最高境界。对于一件看似平淡无奇或者沉重压抑的事情，能够巧妙地运用幽默在轻描淡写间让人捧腹大笑，那么这个人的口才一定非常了得。

2008年4月，马云在"销声匿迹"很久后出现在了2008年中国企业年会的现场。2007年，他也曾参加过这样的年会，并且预言了"冬天"的到来。在这次会议上，他再次预言了经济危机的到来，并且直言3年内将会影响到每一个人；同时他还说到，危机与大机会是并存的，危机中优秀的企业一样可以得到发展。最后，马云幽默地说："今天中午，我在外面吃饭，餐厅老板问我，据你估计，明年经济危机会结束吗？我说，明年下半年就结束了。他惊喜地问，明年下半年真的会结束吗？我说，明年下半年你就适应了。"

原本因为经济危机而心事重重的企业家们，被马云的幽默逗得哄堂大笑。他们紧绷的神经立刻松弛了下来，意识到经济危机其实并没有那么可怕。

马云这句形容经济危机的幽默调侃，让人们清醒地认识到：很多事情要来的永远也躲不掉，我们所能做的就是适应它。

幽默的语句总是能给人留下深刻的印象，而要想说出幽默的语言，首先要学会比喻。马云就是一个擅长运用比喻的人。比如，在谈及职业经理人和创业人的区别时，他说：

"上山打野猪，一枪打出去，野猪没死，冲了过来。扔下枪往山上跑的，是职业经理人；把子弹打完再扔掉枪，从腰间拔出柴刀和野猪拼命的，是创业者。"

其实，针对职业经理人和创业者之间的区别，可以利用各种各样的专业术语长篇累牍地区别开来。然而，说教式的解释难免令人感觉晦涩难懂，也容易让听众产生厌倦心理。而马云采用形象的比喻，帮助听众轻松地理解了两者之间的区别。

在谈及自己对互联网的期望和目标时，马云曾这样说过："如果我们把小的企业比作是沙滩上的一粒粒石子，那么通过互联网这种水泥就可以把它们聚集在一起，这样凝结而成的石子们威力无穷，已然可以向大石头抗衡。而互联网经济的特点正是以小搏大、以快打慢。

"如果我们用穷人和富人来区分企业的话，那么互联网就是穷人的世界，因为在互联网上，无论企业大小，发布多少PAGE（计算机编程语言脚本）都是一样的价钱。"

马云用生动的比喻来阐述自己的理想，给人留下了深刻的印象。由此可见，运用修辞手法来辅助表达，往往能够制造出语言的亮点，增加个人的魅力。

另外，幽默也是一种在实时场景中灵活应变的语言技巧。它与学识、智慧、头脑息息相关，需要创业者平时的知识积累和不断练习。幽默的语言往往充满了解决问题的智慧和方法，能够帮助我们轻松摆脱尴尬的局面。

马云在杭州电子工业学院当老师的时候，还兼任了杭州一家英语夜校补习班导师。有一次，他迟到了5分钟。就在学生们交头接耳议论纷纷的时候，马云急匆匆地冲了进来，刚登上讲台，他就说："今天，我们来讨论迟到。我最讨厌迟到，因为它是对别人的不尊重，从某种程度上说简直就是浪费别人的生命……"

马云以特有的幽默技巧，立刻化解了自己迟到的尴尬。

每个人在交流中都会用到幽默，尤其是经常出现在公众面前的演讲人,幽默更是不可或缺。

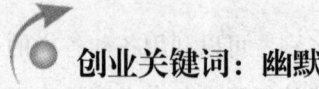
**创业关键词:幽默**

世界上最好的足球运动员罗纳尔多,他在场上连动都懒得动,就在对方的门前站着,等球砸到他的时候,踢一脚。这就是全世界身价最高的运动员了。有的人说,他带球的速度惊人,那是废话,别人一场跑90分钟,他就跑15秒,当然要快些了。

——马云

生活中,幽默被视为聪明人的一种专属语言智慧,而恰到好处的自我调侃又被看作是幽默的最高境界。有人曾说,懂得幽默的人才配得上称为"语言天才"。尽管这种说法有些偏颇,但在一定程度上反映了幽默的重要性。人们与外界的交流大多是通过语言工具进行表达的,而在语言中,幽默的成分又占据了相当的比重。

无论是身在职场,还是在日常生活中,恰到好处的幽默总能为我们加分,对创业者来说更是如此。幽默是生活的调味品,是人与人之间交往的润滑剂。幽默能带给我们欢乐,帮助我们减少矛盾,缩短人与人之间的距离。善用幽默的人,往往更受欢迎。正如王蒙所说:"幽默是一种成人的智慧,是一种穿透力,一两句就把那畸形的、讳莫如深的东西端了出来。它包含着无可奈何,更包含着健康的希冀。"

有一次,著名的小说家吉卜林向一个英国政治团体发表演说:"我年轻时曾在印度当记者,负责报道犯罪新闻,所以和一些骗子、杀人犯以及一些积极上进的正直人都有过交往。那时,我在报道了他们的审讯过程后,常会去监狱探望那些正在服刑的老朋友。我到现在还没有忘记,当时有一个人犯谋杀罪被判处无期徒刑,但他很聪明,说话也很温和,极富条理性。他把自己'生活的经验'传授给我。他说:'就拿我自己来说：一个人一旦做了不诚实的事情，就会陷入其中，一件接着一件不停地做下去。直到最后，他会发现，他必须杀死某个人，才能让自己重新变得正直。'"

听到这儿，场下的观众不禁大笑。但是，吉卜林的谈话还未结束，他顿了顿又接着说："我觉得，现在的内阁和这种情形如出一辙。"

吉卜林的话音刚落，场下立即爆发出雷鸣般的掌声。

吉卜林的高明之处在于，他并不是为了单纯地讲述一个故事，而是利用这个幽默的故事帮助自己进入政治话题，吸引听众的注意力。这样不仅可以更加形象和深刻地说明问题，更为他的演讲增色不少，达到了预期目的。

对创业者来说，会说话是一种资本、一种能力，而懂得幽默，则是会说话的较高境界。所以，培养语言的幽默感十分必要。锻炼自己的幽默感，不仅需要锻炼自己的大脑，让反应变得迅速，更要加强知识的积累，让大脑丰富起来。

## 4. 刚柔并济，暗藏霸气

生活中，如果一个人说话经常推三阻四，往往会被人们认为他是在"打太极"，这是一个贬义词。不过，有时面对一些人和事的时候，我们确实需要一些刚柔并济的语言，以达到自己的目的，并且给对方留下余地。

在这方面，马云的技能可谓炉火纯青。他在生活和工作中都善于运用娴熟的语言技巧，经常会发表一些振聋发聩的演讲，可谓"于无声处听惊雷"。

有一次，记者问他："在电子商务如此发达的今天，淘宝网如此席卷全国的时候，阿里巴巴有没有专门针对内地的不发达地区的扶持计划？对他们有没有建设性的意见，他们应该向哪些方面发展，有没有更加有针对性的计划？"

马云不慌不忙地回答说："我们不是政府，每次政府说对某个地方开始实行针对性政策的时候，我觉得基本上都不靠谱。就像很多地方的发展很有意思，这个行业本来发展很好的，突然有一个市长去当小组领导，这个事情就搞不好了。他3个月才抽出时间来开一次会议，这个事情就搞不好了。我觉得今天的企业要以公益的心态、商业的手法经营。如果以商业的心态、公益的手法，那就基本乱套了。我觉得要帮助别人，自己首先要强大。"

面对记者的提问，马云表现得镇定而大气。他先是用稍硬朗的口吻来解释政策性实施具有不确定性，接着再用缓和的口气阐述公益性计划的困难所在,可谓面面俱到,语言虽然犀利但并不咄咄逼人。这种刚柔并济的表达正是马云的厉害之处。

2010年,马云前往杭州参加"地方与行业网站高峰论坛",并在现场做了演讲,就一些实质性问题表达了自己的观点。他一开口便这样阐述自己的看法:"有人给我提意见,'马云,都是你的淘宝网把我们所有的创新整坏了,使得我们的电子商务B2C这样那样的都不能做'。我首先告诉你一个坏消息,淘宝网不会停下来等你,淘宝网还会越来越大、越来越大。"

马云认为,所有创业者都会遇到这样那样的问题,应该学会坚持,懂得感恩和敬畏。"不要以为你抓住了一次机会,还会抓住第二次机会。要挑最容易、最快乐的事情去做,切记不要找最重要的事情来做。"

阿里巴巴曾号称让"天下的生意不再难做",而生意究竟要如何做,很多创业者、小企业主都想从马云那里得到答案,希望得到他的点拨,让自己看清发展的方向。对此马云直言:"B2B创业者别埋怨,淘宝网不会停下来等你。"以此激励创业者和企业自力更生。

生活中,如果语言运用得当,换一种语言来表达自己的思想,可以帮助我们化解一些沟通中的不愉快,妙语连珠般的形象比喻会瞬间吹散对方的愤怒和不满。在一些关键时刻,一些剑拔弩张的情况下,一句柔和而又立场坚定的语言,可以让整个氛围变得缓和而轻松。

## 创业关键词:刚柔并济

听说过捕龙虾富的,没听说过捕鲸富的。

——马云

说话,有时像火,有时像水。前者刚气激越,后者柔情一片。刚柔相济,就表现出了说话的艺术性。刚和柔,各有妙用,不可偏废。措辞太强硬容易激化矛盾，而过于软弱又很难争取到应有的权利。因此，刚柔相济才是高超的说话之道。

一架美国环球公司的客机遭遇恐怖分子劫机，由于燃料耗尽，飞机不得不在戴高乐机场迫降。劫机者与警方处于僵持状态。为了保证机上人员的安全，警方请来了著名的谈判专家约翰森。约翰森冲劫匪们喊话："喂，伙计们！有两条路摆在你们面前：第一条，你们放下手中的武器跟着美国警察走，他们现在就和我在一起。我要告诉你们的是，在美国你们会面临2~4年的监禁，倘若表现好，或许10个月后你们就重获自由了。"约翰森稍稍停了一下，接着喊道，"第二条路，你们拒捕，那么我们会击毙你们。即便你们运气好，开枪过后依然活着，但是按照我们的法律，你们依然会被判处死刑。现在你们可以考虑要走哪条路。你们有10分钟的时间考虑！"10分钟后，劫机者投降了。

约翰森不愧为谈判高手，面对穷凶极恶的劫机者，聪明的他并没有一味地示强，步步紧逼，而是采用刚柔并济的语言，先是好言相劝，给劫机者指出了"光明的前途"，以此稳定他们的情绪；接着再将不投降的严重后果摆在劫机者面前。劫机者在权衡利弊之后，自然选择了束手就擒。

正如曾国藩所说："太柔弱的就没有力量，太刚硬就容易折断。刚与柔相互调和，才是天地之间永恒不变之道。"因此，创业者要注意提高自己的说话技巧，刚柔并济的说话方式和"打太极"类似，有刚有柔才会使整个过程如行云流水般自然流畅，从而帮助我们灵活自如地应对交际困境，更好地表达自己。

## 第十课　气质与魄力
"男人的长相和智商是成反比的。"

在马云身上，有一点是一般人做不到的，那就是他没有一点虚荣心，他不怕没面子，能十分坦然地面对自己不太成功的过去，连他的长相也在他的自嘲之列。这一点对一个人来说真的不容易，许多人因为做不到这一点而将自己放大或架空起来，之后要不断地为这个放大或者架起来的自我浪费许多精力。而马云不用，他台上台下都是一个人，真实地表达自己的不足，也真实地表现自己的才华。我很难想象什么人能将马云忽悠起来，也很难想象什么人能把马云的自信打下去让他自卑。"

——《赢在中国》总制片人王利芬

## 1. "六脉神剑"的掌门人

熟悉马云的人都知道,看上去瘦弱单薄的他有着浓厚的武侠情节。他喜欢读武侠小说,尤其是金庸的著作。马云视金庸为自己的偶像,金庸也曾说他和马云之间的友谊是"忘年交"。马云说过,懂金庸才是性情中人。在首届"西湖论剑"时,马云就请来金庸做对话主持,在当时造成了不小的轰动。马云和金庸都对围棋很感兴趣,并且一致认为"人品如棋品,世事如棋局"。

而马云甚至把武侠精神融入自己的生活中。他从小就喜欢打抱不平,还曾经路见不平,面对五六个"偷井盖"的壮汉,明知自己不是敌手,依然勇敢地站出来大声喝止。

马云崇尚金庸武侠世界里的侠肝义胆,并对"笑傲江湖"这四个字有着自己的体会:网络就是江湖,怎样能笑傲呢?想做到笑,就要求一个人有眼光,有胸怀,如此才能坦然面对流言和误解,豪气万丈,仰天长啸;想做到傲,就要做到有实力,有魄力,如此才能在随波逐流的时代里保持理智,在不被理解的境遇中依然坚定前行。可以说,正是凭借一身江湖侠气,马云聚集了众多"英雄好汉",从而成就了今日的阿里巴巴。

不仅如此,马云还将他的武侠情节融入到阿里巴巴的企业文化中。很多人都知道阿里巴巴有着独特的"花名"制度。绝大部分员工会给自己起一个武侠小说中的人名,作为自己在公司的代称。

马云特别喜欢金庸的《笑傲江湖》，尤其对书中看淡江湖的世外高手"风清扬"情有独钟。在央视《对话》栏目中，马云说他特别欣赏风清扬的"出手无招"。他说："因为我想做成任何事，都要在自己对所有的招式彻底领悟之后，很自然地使出来。"所以，马云给自己也取名"风清扬"，把会议室叫"光明顶"，办公室又称"桃花岛"。在他的影响下，阿里巴巴的企业文化中也出现了诸如"独孤九剑"、"六脉神剑"等称谓。小说中的侠肝义胆、责任使命、敢闯敢拼等精神，也在无形中融入阿里巴巴的血液之中。员工们在接受这种江湖气的办公室文化的同时，也接受了马云的领导风格。

除了痴迷武侠小说，马云还喜欢练习武术。他的办公室里陈列着很多刀剑，他经常边比画刀剑边思考。他最大的爱好是太极拳。为了学好太极拳，他还曾特意到太极拳发源地河南陈家沟学艺。在他的影响下，太极拳和太极文化在阿里巴巴内部得到了广泛的传播和学习，用他的话说是要"让员工也学会慢下来，静下来"。

武术的真义不在拳脚，而在其背后蕴藏的哲理。马云学习太极之余，一直在琢磨太极的虚实之道，并将其运用到阿里巴巴的战略规划中。马云还这样总结自己的太极之道："在太极里，我最欣赏的 3 个字是定、随、舍。定，是一种企业的战略定位与布局；随，是在发展中要因势利导；舍，则是更高的境界，要学会放弃。"

凭借阿里巴巴的强大实力以及太极中悟出的哲理，马云在激烈的市场竞争中表现得从容和坦然，俨然一副世外高人的姿态。

## 创业关键词：人格魅力

我挺喜欢风清扬的，他的独孤九剑无招胜有招。他深深地明白，当在别人进攻的时候，对方最强的地方也正是其最弱的地方。大家以为对的地方，通常里面包含着错误；而大家以为有很大风险的时候，要想到机会就藏于其中。

——马云

一个人在社会上受欢迎，大体源自3个方面：一是外貌，包括体格、姿色，这主要源于先天；二是知识技能和思想，这要靠后天的修炼；三是人格，这完全是一种独立于"貌"和"能"之外的思想和精神境界的修炼。我们对这样的人并不陌生，他们貌不惊人，才不超群，但在人格上却可以卓然而立，让人不自觉地向往与之接近和相处。

对创业者而言，修炼自己的人格魅力至关重要。具有人格魅力的领导者，在员工心目中享有很高的威望和信誉，能够感召和吸引优秀的人才，让员工对其心悦诚服。一个领导者的人格魅力如何，甚至关乎事业的成败。

2004年希腊雅典奥运会上，中国篮球运动员姚明出任中国体育代表团开幕式旗手。4年后的北京奥运会，姚明又一次担当此任。他之所以能够获得这样的机会，除了因为他在运动赛场上取得的成绩，以及在国际上的知名度和影响力外，主要是因为他独特的人格魅力。

美国《体育画报》把2003年称为"姚明之年"；《时代》周刊的文章评论说，5年之后，姚明在世界上的影响力会超过老虎伍兹；日本媒体则感叹，姚明已经超过中田英寿，成为亚洲第一体育明星。

而姚明的出色不仅仅在于他出色的球技，以及他在自己效力的休斯敦火箭队成为绝对主力，更因为他谦逊善良的品质和执着的性格。当队友遭到对方冲撞时，他总是及时伸手将他们拉起；当队友罚篮时，无论投中还是不中，他都会上前击掌以示鼓励；火箭队的老大弗朗西斯不断喂球给姚明，情愿制造机会给他；因姚明的到来而失去主力中锋位置的卡托，心甘情愿地做起了他的替补……正如火箭队老板道森所说："每个人都喜欢姚明。"

姚明为什么能够得到人们的广泛关注呢？有记者曾经问过一些关注 NBA 的美国人，答案是，除了身高，姚明的谦逊和无私是他受到美国人青睐的秘密武器，而在 NBA 众多球星中，有的吸毒酗酒，有的沉湎女色或赌博……像姚明这样打球之余只玩电脑游戏的"好孩子"少之又少。姚明在 NBA 的崛起，无疑向美国人展示了另类球星的风采。在美国媒体的印象中，姚明是个没有架子、谈吐风趣的邻家大男孩。

由此可见，人格魅力与资历、权力、地位、金钱等有着本质区别，它是内在的，具有个性的。因此，那些让我们喜爱和崇拜的人，都是因为其身上放射的一种人格魅力，具有令人尊敬和爱戴的凝聚力。而一个具有人格魅力的人，就能增强其亲和力、感召力和凝聚力。所以，对创业者来说，努力塑造自己的人格魅力，将有助于自身性格的完善，对事业的发展也将产生巨大的推动作用。

## 2. 海纳百川的胸襟

马云曾说过这样一句话:"男人的胸怀是被委屈撑大的,受的委屈越多,胸怀越大。"这是马云对"宽容"的解释。在他看来,有多大的胸怀,就有多大的事业。一个好的领导者要具备3个条件:眼光、胸怀和实力。无论别人怎么冤枉你,或者自己怎么委屈,都要拥有海阔天空的胸怀。

这一点,马云在前几年赴台接受采访时曾提到过:

问:"1999年,你创业时身边带着18名员工;8年后的现在,阿里巴巴已经有近8000名员工,你领导这家公司成长的秘诀是什么?"

答:"好的领导者应该具备3个条件:眼光、胸怀,还有实力。

"领导者必须要有眼光,对未来看得远、看得多,读万卷书,更要行万里路。当我和内部员工开会时,如果发现有一个想法是八成以上员工都同意的,那我一定不会去做。因为当内部有八成的人同意时,对手一定也同意,这就不容易成功。

"我认为成功就是要做到两件事:做得更好,或做得不同。如果能够做得既好又不同,就会更成功,领导者必须能看到这一点。

"其次是胸怀。领导者一定要有胸怀,我常说,男人的胸怀是被冤枉大的,领导人不要怕被冤枉。阿里巴巴有8000名员工,平均年龄27岁,应该都很聪明。但我们都知道与聪明的人共事不容易,领导者的胸怀此时便很重要。

"此外,公司里也不能尽是些聪明人。企业必须要像动物园,有各种各样的人才，绝不能把公司弄成养殖场，如此每个人都差不多，再优秀也不见得能成事。中国其实有个全世界最好的团队，那就是唐僧团队。孙悟空、猪八戒和沙和尚的优缺点、特性都非常鲜明，再搭配上使命感强、目标坚定的唐僧，最后当然能取到经。

"第三点是实力。实力是打出来的。阿里巴巴不是一路上都成功，我们犯的错误也不少，但在错误中吸取教训，就能累积实力。我们当年曾经为了创立英文网站，理所当然地认为应该到美国设分公司、用美国人，因为美国人的英文好。事实上，美国的贸易人才难找，懂贸易的人英文也不见得好，最后发现当时设分公司的决定完全错误，但也吸取了教训。"

马云相信手下员工的能力要比自己强，"我的工作就是水泥，我什么都不懂，就是把这些人粘在一起，让每个人都发挥好自己的能力。"但同时，他也自信"外行是可以领导内行的"，"因为我不懂，所以我永远不会跟技术人员吵架"。因为宽容，所以可以尊重和接纳不同的意见，接受不同的声音，从而打造"百花齐放"的繁荣景象，使企业获得源源不断的新动力。

俗话说，同行是冤家。而在面对竞争者时，一个领导者的胸襟更容易体现出来。马云从不把竞争对手当作敌人，也没有因为竞争而与对手剑拔弩张。这种包容的心态使他能够看到竞争对手的优势，虚心地向对方学习。

不仅如此，马云对他人的批评也能坦然接受。2000年，阿里巴巴遇到了资金困境，内部谣言四起，有人质疑公司的模式是假大空，甚至有人诋毁其登上《福布斯》杂志是黑金交易。对此，马云并没有表现出愤怒，而是坦然接受，认真做好自己的事情，不受外界的干扰。

"海纳百川，有容乃大。"正是靠着这种宽阔的胸襟，马云将阿里巴巴上上下下紧密地团结在一起，使之拥有强大的战斗力和凝聚力。

**创业关键词：宽容、胸怀**

格局，"格"是人格，"局"是胸怀。细节好的人，格局一般都差；格局好的人，从来不重细节；两个都干好，那叫太有才！

——马云

肯尼斯·库第在他的著作《如何使人变得高贵》中说："暂停一分钟，把你对自己的事情的高度关注，与你对其他事情的漠然，相互做个比较。那么，你就会发现，世界上其他人也抱着同样的态度！这就是，如果想和他人相处，成功与否的关键在于你是否能以同情的心态理解别人的观点。"

爱因斯坦曾说："对我而言，生命的意义在于设身处地为他人着想，忧他人之忧，乐他人之乐。"狭隘的视野和心态只会把我们带入与世隔绝的封闭空间，经常为了鸡毛蒜皮的小事而斤斤计较，为了一些似有还无的事情草木皆兵。

所以，创业者要让自己保持一颗快乐的心，远离狭隘的空气，就要学会保持心态平衡。善于调整心态的人，必然心胸宽广，不会计较一时的得失，还可以宽容待人，公道处世。

1661年，牛顿中学毕业，并顺利考入英国剑桥大学三一学院。当时他刚满18岁，虽然生活清贫，但由于聪明好学，得到了导师伊萨克·巴罗博士的悉心教导。巴罗在数学、天文学和希腊文方面都有很深的造诣，并且是个出色的诗人和旅行家。英王查理二世称赞他是"欧洲最优秀的学者"。巴罗将毕生所学毫无保留地教给了牛顿。

牛顿大学毕业后，选择了留校当研究生，没过多久就取得了硕士学位。一年后，牛顿26岁，巴罗借口自己年纪太大，主动辞去数学教授的职务，并积极推荐牛顿接替他的职务。其实巴罗并没有到退休的年龄，更谈不上年纪太大，他之所以选择提前辞职，就是为了让贤。自那时起，牛顿便成为英国剑桥大学公认的大数学家，还入选为三一学院管理委员会的成员，并在这所高等学府里从事教学和科研工作整整 30 年。他渊博的学识及令世人瞩目的科学成就，都是在这里取得的。而他之所以能够取得这些伟大的成就，与巴罗的悉心栽培和主动让贤是分不开的。

  这也正如《赢在中国》中史玉柱对一位选手的点评："有多大的胸怀就能做多大的事。未来你的事业还会比现在大，所以你的胸怀要海纳百川。胸怀有多大，事业就能做多大。"创业者只有培养自己宽广的心胸和气度，才能使事业得到更好、更长远的发展。

## 3. 做自己坚定的拥护者

在《赢在中国》节目中，有人问马云是否为自己的外表感到自卑。马云是这样回答的："男人的智慧往往是与长相成反比的。"从这句风趣幽默的话语背后，我们不难感受到马云的自信心态。

2013年，国务院总理李克强在中南海主持召开第3次经济形势座谈会。马云和其他3位企业家作为民营企业家代表应邀参加。令人颇感意外的是，马云在发言时脱掉外套，只穿了一件长袖T恤，在周围衣衫整齐的领导和专家中显得有些另类。马云发言时，举止大方自然，侃侃而谈，显示出了高度自信，一时被传为佳话。

而在几年前，阿里巴巴的模式并不被看好，来自外界的质疑很多，连网易CEO丁磊、搜狐CEO张朝阳等人对B2B模式也持悲观态度。阿里巴巴的投资者中也出现过质疑阿里巴巴模式的声音，但马云并不在乎别人怎么说，他坚信自己的选择，他在说服投资者的同时，用努力和成绩平息了外界的非议，也让投资者心悦诚服。

2007年，马云在杭州举办的网商大会上发表主题演讲时说："阿里巴巴从成立以来一直备受质疑，从8年前我做阿里巴巴的时候一路被骂过来，都说这个东西不可能。不过没关系，我不怕骂，在中国反正别人也骂不过我。我也不在乎别人怎么骂，因为我永远坚信一句话：你说的都是对的，别人都认同你了，那还轮得到你吗？你一定要坚信自己在做什么。

"我坚信互联网会影响中国、改变中国；我坚信在中国可以发展电子商务；我也相信电子商务要发展，必须先让客户富起来，如果客户不富起来，阿里巴巴就是一个虚幻的东西。我希望阿里巴巴为中国的网商，为中小企业创造非常多的百万富翁、千万富翁。"

而到 2013 年 11 月，"淘宝网开店的公司数是 900 万家，比较活跃的有 300 多万家店"，"预计今年（2013 年）全年的销售额占中国整体社会消费品零售总额的比重超过 10%"。马云以骄人的业绩向世人交了一份分量十足的答卷。不仅如此，马云还放出豪言，"一天的销售额估计要突破 300 亿元"，展示了他要在中国创建一个新的 C2B 模式，推动制造业转型提升的雄心壮志。

可以说，阿里巴巴今天的成就，就是对马云的战略最好的证明。试想，倘若马云当初因为外界的质疑和否定而退却、改变主意，也许就不会有今天国内互联网市场的一片繁荣，也不会有今天的阿里巴巴帝国了。

 **创业关键词：自信、坚定**

**初恋情人是最美丽的。任何创业者第一天创业的梦想都是最美丽的，永远要相信你的直觉。**

——马云

人们常说，"性格就是命运"，可见一个人的性格对自己的命运起着决定作用。每个人身上都蕴藏着巨大的潜能，它如同一个熟睡的巨人，等待被唤醒。我们都很熟悉海伦·凯勒的故事，希尔曾这样评价她："自信心是心灵的第一号催化剂，当信心融合在思想里，潜意识就会运用这种力量，把它变为精神力量，再转化为行动。"

自信是一切成功者的钙质。自信的人，对自己和一切都充满信心，即使遇到困难也无所畏惧，因为他坚信自己可以应对好一切，即使失败也能够坦然接受。所以，强者最大的竞争对手是自己，而成功最大的障碍是缺乏自信。

詹姆斯年轻时开了一家机电工程行，公司发展得很顺利，没几年盈利就超过了百万美元。然而，詹姆斯并不满足于现状，他决定让公司上市，寻求更大的发展。当时在美国申请成立股份公司并不难，但要在华尔街找一家具备实力的股票承销商却不容易，他们对实力一般的小公司并不感兴趣。

詹姆斯也遇到了这样的困境。很多人遇到这样的情况，都会选择放弃。但是詹姆斯却想，难道我一定要依靠那些不可一世的证券商吗？我自己也可以做到。于是，他和朋友一起四处散发印有招股说明书的传单。这在华尔街的历史上，还是第一次出现自行发行股票的情况，行家们对此都不看好。

但詹姆斯决心向传统的观念挑战，他自信一定能够成功。他和朋友们逐个城市卖力地推销股票，他这不同寻常的做法在社会上引起了巨大震动，人们抱着各种各样的心态，或是赞赏，或是好奇，或是鼓励，纷纷购买他的股票。结果，他在很短的时间内就卖出了40万股，筹到了100万美元。他的努力和坚持得到了回报，他真的成功了。

可以说，任何一个成功者，都是在强大的自信心的推动下，不断地朝着目标前进，并最终获得成功。正如一位作家所说："我从未看到哪个充满自信、肯定自我能力，并朝着自己的目标全力以赴、勇往直前的人竟然无法取得成功。"作为创业者，要让自我的肯定逐渐清晰和稳定。只有自信心的完备才能让外界的评价对自身产生的影响变得有限和客观，才能推动自身在成功的路上走得更加坚定，更加稳健。

## 4. 幸福与情人节无关

2005年底,阿里巴巴进行高层人事变动,马云宣布张瑛离任。消息传出后,员工大会的气氛瞬间变得凝重起来,还有些员工不禁哭了起来。这个决定遭到了董事会的否决,在这种情况下,张瑛不得不站出来解释说,这个决定并不是马云一个人做出的,而是她自己请辞的。

事后,马云坦白道:"她觉得公司到了这个时候,让别人看见公司CEO的妻子在公司工作,不管你做得怎样,都会遭遇别人异样的眼光。"而谈及对妻子张瑛的感情,马云曾动情地说:"数年来,张瑛几乎没有自己的生活,也没有朋友圈子,天天都在公司。"

有一次,马云接受某家媒体采访,被问道:"情人节快到了,您打算……"马云立刻回答说:"我从来不过情人节。"随即又补充道:"我很忙。"他认为,在中国,情人节是个博爱的概念。情人节并非专属爱人之间,亲朋好友、同事之间都可以一起过,表达一种彼此关爱的情感。情人就是爱人,但在马云的概念里还涵盖了他的家人、他的团队和合作伙伴。

马云和妻子张瑛从相识、相知到成为爱人,携手走过了很多个春秋,彼此关照爱护,相濡以沫。张瑛一直在背后默默地支持马云。如今,他们的儿子已经长大,"个子长得很高,已经长到1.74米了",比马云高大、强壮。马云对妻子和儿子的爱,早已融入到生活的点滴之中。

和许多成功的男人一样,马云对妻子张瑛充满了感激。他曾这样描述张瑛:"她不是那种真正的默默无闻型的女人。""她自己的事业也发展得很好,她是事业和生活双全的女人。""她对我的帮助是全方位的,无论是事业上还是生活上,都是全力的理解和支持。"

关于马云夫妇,还有一个出名的段子:有一次,马云与雅虎公司CEO杨致远聊天,杨致远问起张瑛,马云说:"张瑛以前是我事业上的搭档,我有今天,她没有功劳也有苦劳,我也一直把她当作生产资料。但现在我觉得,作为太太,她更适合做生活资料……"

这样说或许会引起很多人的不解和愤愤不平,但张瑛的表现却异常平静,她说:"也只有像他这样满脑子都是事业的男人,才会把自己的太太比作资料。不过,当生活资料的日子并不坏,在家的日子虽然平淡,但是每个收获都值得我再三品味。"

2009年,马云和张瑛婚变的传闻一度甚嚣尘上,但马云却表示,让他们离婚简直比再创造一个阿里巴巴还要难。

### 创业关键词:平衡

**把你的太太当合作伙伴,不要把她当太太看。**

——马云

有人把事业与家庭比作生活的两翼,只有两翼对称,人才不会失重,才能够展翅高飞。这也就是说,不要因为埋头事业而忽视家庭,也不要因为操持家庭而放弃事业。尽管两者在大多数情况下很难兼顾,但也并不矛盾。如果能够处理得当,就会相得益彰,既取得事业上的成功,又能收获家庭的幸福。

当然,由于价值观的差异,每个人对它们的重要性的判定也会有所差别。但无论更偏向哪一方面,都不能忽视另一方面的重要性。事业的成功能够为家庭提供更好的经济保障,而幸福的家庭则可以为事业创造稳定的"后勤"。

玛丽·韦尔斯·劳伦斯是一位很有成就的实业家,是韦尔斯·里奇·格林广告代理公司的董事长。她擅长经营,知道如何富有成效地工作,一直在商界如鱼得水。而她除了要打理自己的生意,还要照顾家庭。

很多人感到困惑,她是如何将自己分身在公司与家庭之间而又游刃有余的。实际上,她感觉很轻松,因为她对自身角色的划分很明确,在与家人相处时,不会考虑任何工作上的事情,只是扮演家庭主妇的角色;而在公司里,她是个出色的领导者,不会把家庭的琐事带进工作。

她很重视家庭,觉得只有家庭和谐、幸福,自己才会有为事业奋斗的动力。

对大多数创业者来说,事业和家庭的平衡是一种挑战,处理好两者的关系并非易事。但是,倘若创业者不积极主动地寻求事业和家庭的和谐,生活难免会一片混乱,得不偿失。细细想来,其实每个人的人生都是一个不断平衡的过程,创业者需要学会把自己的精力有计划地加以分布,只有这样,才能让事业和家庭成为相辅相成的伙伴,共同成熟,共同辉煌。

## 5. 语不惊人死不休

从对电脑一窍不通到真正的 IT 业人士，再到阿里巴巴帝国的缔造者，马云这一路走来，获得如此巨大的成功，除了源于他不畏挫折、踏实肯干以及对梦想的坚持，还与他出众的口才是分不开的。

很多人都知道，马云第一次创业时，建立了互联网上最早的以中国为主题的商业信息网站，也就是"中国黄页"。据说，当时在杭州街头的大排档里，时常见到他被一群人围着，滔滔不绝地与大家分享他的伟大计划。那个时候，他还被人称为"傻子"、"骗子"，然而正是在这"傻子"、"骗子"的努力下，到 1996 年时，他的公司的营业额已经高达 700 万元。

以前杭州电子工业学院教课的时候，马云经常在课堂上给学生讲一些课外的知识，而且语言生动，妙趣横生，以至于后来有不少学生为了听他讲课而逃自己应该上的课。这也一度引起其他同事的不满，后来同事们私下里纷纷把课程与马云的课错开，以防学生们"出逃"。同事们还常在马云面前"诉苦"："你那边是门庭若市、熙熙攘攘，我们这边却是茕茕孑立、形影相吊。"

时至今日，马云的口才在国内互联网圈内也是有名的。创立阿里巴巴后，很少出国的马云在海外向用户做精彩的英文演讲时表现轻松自如，"水平丝毫不亚于在国内演讲"。

很多人对马云的口才赞不绝口，而马云却表示："这两下子主要是当年教书的时候练出来的，现在上台从来不备草稿，一开口收都收不住。"

1999年9月,马云创建了阿里巴巴网站,立志要帮助国内中小企业敲开财富之门。当时中国互联网百花齐放,很多投资商都将目光放在门户网站上,而马云却另辟蹊径,瞄准商业网站。这在当时完全是在逆向而行,但也给互联网开创了一种全新的模式。

1999年底,马云与孙正义进行了仅仅3分钟的谈话。这短短的3分钟谈话,让马云从孙正义手中拿到了3500万美元的投资。软银每年会收到700家公司的投资申请,但是能够获得投资的公司只有10%,能和孙正义亲自谈判的也只有马云。而短短几分钟的时间能换来几千万美元的投资,与马云会说话有着密切的关系。

**创业关键词:口才**

我这两下子主要是当年教书的时候练出来的,现在上台从来不备草稿,一开口收都收不住。

——马云

古希腊的一个寓言曾把舌头比作怪物,因为它既能用最美好的词语来赞誉人,也能用最恶毒的言辞来诅咒人。而中国也有"良言一句三冬暖,恶语伤人六月寒"的古老俗语,而今随着市场经济的迅猛发展,好口才在社会各个领域的重要性不言而喻。

在实际交际环境中,那些表达能力强的人,往往更容易获得他人的好感,也更容易在交谈中实现自己的目的。正如美国人类行为科学研究者汤姆斯所说:"说话的能力是成名的捷径。它能使人显赫,鹤立鸡群。能言善辩的人,往往让人尊敬,受人爱戴,得人拥护。它使一个人的才学充分拓展,熠熠生辉,事半功倍,业绩卓著。"他甚至断言:"发生在成功人物身上的奇迹,一半是由口才创造的。"

1983年元旦，曾为首相撒切尔夫人担任多年顾问的戈登·里斯被英国女王授以爵位。而他的主要功绩之一就是：有效地提高了撒切尔夫人的演说能力和应答记者提问的能力，以及为撒切尔夫人撰写了深得人心的演讲稿……看似轻松的一句话，就可以为英国塑造一位"风姿绰约、雍容而又不过度华贵、谈吐优雅和待人亲切自然的女首相形象"。

现实中也是如此，因为一句话成就一件事的成功案例并不少见。同样，一句话毁掉一件事的教训也屡有发生。无数成功者的事实表明，善于说话是事业成功的催化剂，直接关系到事业的成败。

股神巴菲特曾经说过："有一件事你是必须做的，不管你喜欢与否，那就是轻松自如地当众演讲，这可能得花些功夫。这是一种财富，将伴随你50到60年之久，如果你不喜欢这样做，那就是你的不利条件，同样会伴随你五六十年。这是一项必备技能。"

确实，在这个充满竞争和商机的时代，口才已经成为现代人必须具备的重要能力，更是创业者的必备素质。所以，创业者要锻炼自己的表达能力，学会用明晰的语言、缜密的逻辑来表达自己的观点和想法，同时辅以传情达意的动作，有效提升自身的综合渲染力和个人魅力，从而有助于事业的成功。

## 第十一课　客户与人情
### "员工第一，客户第二，对手第三。"

我认为，员工第一，客户第二。没有员工，就没有这个网站。只有员工开心了，我们的客户才会开心。而客户们那些鼓励的言语，又会让员工像发疯了一样去工作，这也使得我们的网站不断地发展。

——马云

## 1. 以客户的需求为风向标

在阿里巴巴,很多员工都知道一个关于饭店的小故事:

在杭州、上海、南京、北京,很多饭店都需要提前预订座位。杭州有一个很有名的饭店,几年前的一天,马云到这个饭店用餐,当时这个饭店还没有几张桌子,他点好菜后就坐在那儿等。过了5分钟,经理过来对马云说:"先生,您的菜重新点吧。"马云问他为什么,经理解释说:"您的菜点错了,您点了4个汤1个菜。您回去的时候,一定会说饭店不好,菜不好。实际上是您的菜点得不好,我们有很多好菜,应该点4个菜1个汤。"马云觉得这个饭店很有意思,为客人着想,不会像其他饭店看见有客人来,就极力推销自己的龙虾怎么样,甲鱼也不错。而这家饭店会对你讲没必要怎么样,两个人这样就行了,不够再点。

通过这个故事,马云告诉员工:只有你为客户着想,客户成功了,你才会成功。如果客户不成功,就是你不成功,你也不会成功。

在《赢在中国》节目中,马云说过必须先去了解市场和客户的需求,然后再去找相关的技术解决方案,这样成功的可能性才会更大。

马云曾用一个生动的例子来形容21世纪的市场:"20年前,一个姑娘到临沂商场去买衣服。营业员说,这件衣服卖得特别好,昨天卖出500件了,那个姑娘一定会买这件;现在的营业员如果再这样说,估计这姑娘会说:谢谢,我希望临沂就这一件。"马云用这个例子告诉我们:21世纪,创业者要学会倾听客户的需求。

这是因为,虚拟市场的兴起带来的冲击是巨大的,一种新的经营与销售模式的诞生，迫使企业必须积极改变自己，与时俱进。互联网对信息、情报的敏感度远远超过过去任何一种渠道，因此临沂中小企业尤其是做批发生意的企业必须通过互联网迅速了解消费者，了解主要客户群体的消费需求。"以前工厂生产东西寻找客户，而现在是客户需要什么东西，工厂按照需求生产。永远用自己独特的眼光去看市场。"

2013年6月13日，马云正式将余额宝推入市场，与他合作的天弘基金从名不见经传的小公司一跃成为基金公司第二位。余额宝一年吸金2000万，动了银行活期的"奶酪"。2014年开年，交行、工行都推出了"货币基金实时提现"。没有竞争就没有压力，马云用客户需求就是核心的互联网思维给银行界上了一课。

传统的理财产品，总是瞄准创造价值最高的20%的人群，而互联网的长尾效应，则让余额宝有可能覆盖剩余的80%的人群。这类人群在传统的金融体系中不是主流人群，也很难获得很好的服务，甚至是没有理财观念的"小白"客户。但是，互联网却让马云创造了"蚂蚁搬家"的规模效应——3000万客户人均3000多元的投入，创造了1000亿的国内基金史上最庞大的基金。

余额宝对互联网金融的更多参与者来说，最核心的其实是渗透的互联网精神和理念。简单来说，就是要准确捕捉并理解用户需求，并满足这些需求。余额宝为什么能成功，简单来说，就是抓住了80%的"小白"用户的理财需求，并在支付宝这一合适的平台上，让这些需求得以超预期满足。

马云的"金融梦"显然是经过深思熟虑的，其实现之路也是环环相扣的。早在金融海啸爆发的2008年，马云就喊出了自己的口号："如果银行不改变，那我们就改变银行。"之后，他开始一步步地实现自己的"金融梦"。

2008年5月，阿里巴巴正式推出了协助企业与VC（Venture Capital，即风险投资）对接的"网商融资平台"，该平台与国内外400多家VC机构达成了初步合作意向。2010年开始，阿里巴巴又陆续推出针对阿里巴巴和淘宝网（天猫）卖家的小微信贷服务，并分别成立了两家区域性的小额贷款公司，服务当地用户。2012年下半年，在重组公司架构的基础上，阿里巴巴又成立了阿里巴巴金融，主要面向小微企业、个人创业者提供小额信贷等业务。2013年5月下旬，阿里巴巴宣布将旗下小微信贷业务的信贷开放授信卖家扩展至300万家。今天已正式上线的"余额宝"，则是阿里巴巴截至目前"叫板"银行业的一次最高调举措。

不得不说，马云的"金融梦"是很美好的，是富有创新性的互联网金融这一发展趋势的集中体现。马云认为，未来的金融业有两大机会，一个是金融互联网，另一个是互联网金融。对于他目前正在力推的互联网金融而言，引入创新，驱动变革，显然是他渴望看到的结果。

那么，马云的"金融梦"究竟要改变的是什么呢？答案就是现行的游戏规则。"金融生态系统的主要特点是开放，让更多的人参与比多发几张牌照显得更重要。"而当前无法被满足的金融需求的存在，让马云看到了机会，"永远不要忘记，我们的目的是解决生活问题、商业问题和商贸问题。中国的金融行业，特别是银行业，服务了20%的客户，我看到的是80%没有被服务的企业。把他们服务好，中国经济巨大的潜力就会被激发出来"。"我们必须用新的思想、新的技术去服务他们，这可能是中国未来金融行业发展的巨大前景所在。"由此，我们看到了阿里巴巴推出了小额信贷业务，看到了今天面向"屌丝理财者"推出的余额宝，也看到了正在日渐成真的马云的"金融梦"。

## 创业关键词：客户需求

做企业的目的，不是眼睛盯着对手如何强大，如何做生意，而是眼睛盯着客户。每天要对客户多了解一点，每天要对客户服务得好一点，每天让自己站在客户的角度上去做事，这个才是最高的真谛。

——马云

## 第十一课　客户与人情

员工第一，客户第二，对手第三

百度上对客户需求是这样解释的："客户的需求往往是多方面的、不确定的，需要去分析和引导。客户的需求是指通过买卖双方的长期沟通，对客户购买产品的欲望、用途、功能、款式进行逐步发掘，将客户心里模糊的认识以精确的方式描述并展示出来的过程。"

可见，客户的需求是靠与客户的交流来发现的。很多时候，连客户都不清楚自己需要什么，也有时客户的需求是模糊的，倘若创业者发现了这一点，就发掘了客户的需求，或者可以向客户提供更好的方案，以满足客户深层次的需求。

市场是企业角逐的大舞台，但只有高度重视市场反应和客户需求的企业，才可能持续发展，在激烈的搏击中生存下来。

商人哈德里·斯尔曼带着两麻袋帆布，经过长途跋涉，终于到达了阿拉斯加。当地民众从来没有见过帆布，他们惊叹世界上还有这么好的东西。于是，他们用当地的最高礼节热情款待这位远道而来的商人，临别时还赠予他两袋黄金作为酬谢。

这个消息被另一位商人理查·罗文知道了，他大为心动，心想：雨鞋的功能不是更好吗？我把雨鞋带给他们，说不定他们会给我更多的金子！于是，他一路跋涉终于来到那里。阿拉斯加的人们果然对雨鞋爱不释手，甚至认为雨鞋远比帆布要好！他们以更加热情的方式款待了他。为了表达谢意，他们还郑重地开会进行商讨，最终一致认为，用黄金远远无法表达他们对这位不远千里而来的贵客的感激之情。于是，他们决定赠予理查·罗文两袋帆布！

尽管情节有些戏剧化，但却从另一角度告诉创业者了解客户的需求才是企业生存的根本。正如马云对创业者的忠告，成功的创业者都很重视对市场的研究，重视分析消费者的喜好以及需求的变化，关注竞争对手的状况和变化，以及时调整公司的经营和发展战略，推出迎合市场和消费者的产品。

## 2. 做生意不能耍小聪明

在《赢在中国》比赛中出现了这样一幕：22号选手翟羽是个非常聪明的人，他在初中时期就淘到了人生的"第一桶金"，19岁就进入世界最大的IT公司——惠普公司工作，被称为惠普最小的员工，可谓天才少年。在《赢在中国》创业大赛初期，中华英才网请来众多专家对选手从创业项目、心态、能力等各个方面进行了严格的考核。翟羽表现十分出色，中华英才网的专家给他做出的评价是：有创业激情，不甘于现状，自信，表现力强。而在《赢在中国》36进12的第6场比赛中，他失败的主要原因就是项目靠关系发展的因素太重。

马云对他的评价是："你非常聪明，我觉得该给你一些建议：这个世界最不可靠的东西就是关系。因为没有钱、没有团队的时候要靠关系，我想我们这些人都一样。我就是从没有关系，没有钱一点点起来的。但记住关系特别不可靠，做生意不能凭关系，做生意也不能凭小聪明，做生意最重要的是你知道客户需要什么。"

俗话说："小胜凭智，大胜靠德。"这是一条亘古不变的真理。如果一味地耍滑，狡诈，使小聪明，生意是做不长久的。要想让自己的生意长久地红火下去，必须以诚待人，用诚信来赢得顾客。"商道即人道，经商先做人"，这是在商海中屹立不败的真理。

土生土长于浙江的马云一直以浙商而自豪，也因此把公司的中国总部设在杭州。马云说："100多年前，胡庆余堂的胡雪岩就把'戒欺'、'诚信'注入了浙商的血脉。在新的历史时期，对阿里巴巴而言，诚信

## 第十一课 客户与人情

**员工第一，客户第二，对手第三**

建设更是一项首要的使命。我们的网络平台，是一个活跃着数以千万计企业和个人的巨大社区。我们不仅要以诚信为会员创造价值，同时还要承担起以诚信影响社会的责任。"

早在营运初期，阿里巴巴就制定了两个铁的规定：第一，永远不给客户回扣。谁给回扣一经查出立即开除，否则客户会对阿里巴巴失去信任。第二，永远不说竞争对手的坏话。这涉及到一个公司的商业道德。马云坚持所有在阿里巴巴上网的商业信息，都必须经过信息编辑的人工筛选。这个要求从阿里巴巴创业时的18个人开始，一直坚持到现在。"我们会删去一切看上去不那么真实的信息，然后给会员发一个电子邮件，告诉他们没有发布这条信息的理由。"

客户和会员是阿里巴巴的衣食父母，如何让客户真正从电子商务中赚钱，是阿里巴巴的盈利之本。马云认为，互联网的商务世界与现实的商务世界除了工具之外并无不同，而商务交易必须可信。经过一次次的调查，他发现，企业最担心的问题是诚信。企业每天从网上数不清的滚动信息中找到合适的信息不是问题，而如何判别"可疑的家伙"和"可信的家伙"则成了一道难题，这也是电子商务发展的关键。为此，马云首次提出了在电子商务领域构建诚信体系的设想。2002年3月，"诚信通"在阿里巴巴企业电子商务平台全面推行，马云说："我认为做事最重要的一点就是必须要讲诚信。如果你不讲诚信，你的企业不可能走远，很多企业因为讲诚信而得到了好处。"

诚信是阿里巴巴的文化，也是阿里巴巴的营销之道。企业诚信就是阿里巴巴诚信，诚信是阿里巴巴价值观"六脉神剑"之一。

在阿里巴巴，诚信有两层意义：一是企业诚信，二是客户诚信。

马云创业之初就决心把阿里巴巴建成一个诚信的企业。当时，中国商界信用缺失，诚信问题长期以来影响着所有企业尤其是中小企业的发展。马云创立"中国黄页"时曾4次被骗，但他不骗别人，他也不容许阿里巴巴的员工欺骗客户。

在阿里巴巴，所有人员不能作假、不能作弊、不能欺骗客户、不能夸大服务、不能给客户回扣、不能为客户垫款……这些都是天条。

诚信第一，销售第二；价值观第一，业务能力第二。这是阿里巴巴的文化。

马云说："诚信不是一种销售，不是一种高深空洞的理念，而是实实在在的言出必行，点点滴滴的细节。诚信不能拿来销售，不能拿来做概念。"诚信至上是马云的营销之道，它也为阿里巴巴赢得了越来越多的客户的信任。

 **创业关键词：诚实、踏实**

**做生意不能凭关系，也不能凭小聪明。**

——马云

古人说："宁可懵懂而聪明，不可聪明而懵懂。"同样是行商天下，有的企业可以长久不衰，历久弥新，而有的企业却如昙花一现，最终难逃被淘汰的命运。这其中，除了管理和经营的技巧外，产品是一个很重要的原因。

很多企业为了追求眼前的利益，开始动用小心思在产品上动手脚，以次充好蒙混过关，这无异于饮鸩止渴，最后一定会为自己的小聪明付出代价，被市场所淘汰。

茅台作为高端白酒的代表，一直专注于自己的本业，踏踏实实地用产品和服务赢得市场和消费者的认可，不仅树立了良好的企业形象，也使茅台的内在价值日益提升，让世人看到了一个稳健而又充满发展活力的中国现代白酒企业。有人评价说："消费者的赞誉口碑、股民心中的社会责任感，构成了茅台不可撼动的国酒地位。"

而这一切都根源于茅台人牢牢记住提供优质的产品这一铁律，以及

## 第十一课　客户与人情
### 员工第一，客户第二，对手第三

"八个营销"的理念，即工程营销、文化营销、个性营销、事件营销、感情营销、诚信营销、服务营销、网络营销。茅台将这种理念严格贯彻到整个生产销售活动当中，诚信经营，踏实奋进。这样的努力必然让消费者看到了茅台的精神，从而更加关注和欣赏这个物化商品的品牌价值和文化价值。

自2001年上市以来，茅台股票始终坚持现金分红，可谓中国资本市场最为慷慨的上市公司，屡次刷新由其创造的现金分红纪录，也成为中国白酒上市企业中分红最多的一家公司。

其实，茅台本可以为自己谋取更多的利益，也可以通过一些财务手段冲销部分利润，还可以利用庞大的资金实力进行多元化扩张和投资……然而，祖先留下的"贵州茅台"这块金字招牌，在茅台人的心中无比珍贵。茅台人恪守原则，勤勉认真，在充满诱惑和陷阱的商场中不要小聪明，坚守诚信，从而使茅台历经岁月和残酷的竞争，依然屹立不倒。

管理大师彼得·德鲁克说："营销的目标是将销售变得不必须。"这无疑是营销的至高境界。踏实做事，诚信经营是现代企业竞争力的经典理论，用"不要小聪明"的大智慧，成功地实现营销价值。

无数事实证明，耍小聪明、投机的心理必定让企业走不远。要想留住客户，最重要的是要拿出质量过关的好产品、好服务，让顾客信得过，诚信经营，才能一步步走向成功。这也正如马云所说："我们花了两年的时间打地基，我们要盖什么样的楼，图纸没有公布过，但有些人已经在评论我们的房子怎么不好。有些公司的房子很好看，但地基不稳，一遇到大风就倒了。"

## 3. 善用名人效应

2013年，马云在宣布"告别微信"次日，便力邀身边的人参与加入来往，一批大V好友自然被列为首选。接着，来往还宣布定向邀请部分名人名企开通公众账号，进行功能测试。

为了将这款好友互动产品成功推向市场，在通过送手机、送盒子等"土豪式"营销手段吸引大批用户后，马云还对内下了"军令状"："阿里人11月底前拉不到100个公司外的来往用户，视同放弃红包。"可见，不仅仅是用户数量，如何吸引"更有分量"的用户，提升用户的活跃度，成了摆在阿里高管面前的严峻挑战。随后，马云带头，阿里员工从上到下开始集体在人脉上下功夫，结果，柳传志、史玉柱、李连杰、文章、黄晓明、赵薇、陈坤、汪涵等名人明星都成了来往的用户。

富有戏剧性的一幕是，新浪网总编陈彤见此情形，居然在个人认证微博上公开喊话，对未被邀请加入来往表示"不满"："都已经好几天了，到现在都没有人拉兄弟我开来往，真是混得很失败，出门都不好意思见人了。"

借助名人效应、品牌效应等来宣扬自己的知名度，是一个很有效的途径。马云无疑深谙此道，几年前轰动一时的"西湖论剑"，便是这方面的杰出案例。对此，诸葛长青曾这样评价："市场营销需要大策划、大思路。阿里巴巴的马云，善于出奇招，用奇谋。譬如，他在阿里巴巴不叫马云，而是叫'风清扬'——金庸武打小说《笑傲江湖》中的人物。为了开拓市场、叫响品牌，他策划举办了'西湖论剑'、'网商大会'、'网商交易会'等活动，迅速提升了企业知名度和企业品牌影响力。此外，他还到全国各地去演讲，宣传企业、宣传自己，使阿里巴巴迅速蹿红，也使他本人迅速成为创业者的榜样。马云——风清扬，一个梦幻和现实的结合。金庸亲自手书送他'神交已久、一见如故'。'西湖论剑'从金庸开始，接着是克林顿、施瓦辛格……'西湖论剑'，完全符合诸葛长青的'品牌形象三板斧理论'和'市场营销灵魂法'。"

当时的阿里巴巴只是一家规模不大的小公司，与新浪、搜狐、网易等根本不能相提并论，要想邀请这些网络大咖前来"论剑"并非易事。因为大家都明白，应邀参加无疑是在给马云"镀金"，给阿里巴巴免费做了宣传。

这时，马云打出了金庸这张王牌，金庸对网络精英们的号召力不言而喻，果然，马云亮出了这张王牌后，丁磊首先被拿下。没多久，自称没读过金庸的张朝阳也决定赴约。随后，正在香港的王志东也向马云表示参加。而在接通了王峻涛的电话后，马云笑着说："你来不来无所谓，不过，金庸要来。"

终于，五大网侠齐聚西湖。金庸的武侠小说描述的是江湖英雄的侠义篇章，而"西湖论剑"则为当代新经济时代网络英雄们搭建了一个交流讨论的平台。金庸坦言自己对网络并不在行："我对网络是外行，夫人上网多点。我上网只是写文章发信。我喜欢的是网上订书，看看目录，几天就寄到家了。"尽管如此，马云仍认为金庸有资格做这个论坛的主持人。他说："网络是商业，网络是生活，金庸目光的穿透力是不多见的。年轻的互联网需要指点。"

此次"论剑"除了金庸与4位网侠，加拿大驻华外使、英国驻沪总领事以及50多家跨国公司的在华代表也前来参加，同时还有不请自到的上百名记者和600多名各行各业的观众。

通过"西湖论剑",马云奠定了他在中国IT行业的影响力。有一家媒体的记者这样评价道:"马云就像韩国举办奥运会,把跆拳道加入其中一样,顺利地把阿里巴巴在中国互联网界推销了出去,虽然到这个时候大部分台下的听众还是不知道阿里巴巴到底在做些什么。"

时至今日,或许人们已然不记得当时都讨论了哪些问题,但是本名不见经传的阿里巴巴却通过那一次论坛与各大网站同享盛名。此后的多次"西湖论剑"中,网民的眼球和媒体的镜头都会同时聚焦在西子湖畔,阿里巴巴的品牌与马云的号召力都得到了显著提升。

后来,为了继续提高"西湖论剑"的知名度和影响力,马云还曾请来一位"超重量级别"的嘉宾,他就是美国前总统克林顿。克林顿受邀发表开幕式的主题演讲,从开拓者的思维和角度阐析中国互联网的发展前景。"论剑"结束后,马云还与克林顿共进晚餐,并在西湖泛舟。后来,马云还调侃说:"老克乐坏了,直呼杭州美!"

再往前追溯,早年马云刚创办"中国黄页"的时候,也使用过名人效应这一招。当时互联网在国内尚属新兴事物,人们对它缺乏了解和认同,甚至表现出了排斥。马云不得不为此投入大量的人力和物力。后来,马云聪明地把比尔·盖茨推到自己的前面。他说:"95年的时候不太有人相信互联网,也不觉得有这么个互联网对人类有这么大的贡献,所以我用了比尔·盖茨的名字。那个时候我觉得互联网将改变人类生活的方方面面,但是,马云说互联网将改变人类生活的方方面面,没有人相信我,所以我说比尔·盖茨说互联网将改变人类的方方面面。"

此招收效明显,打着比尔·盖茨的名号,马云和他的"中国黄页"得到了众多媒体和企业,甚至普通人的关注,公司的业务开始步入崭新的发展轨道。

## 创业关键词：名人效应

**如果惠特曼愿意参加"西湖论剑"，我会亲自去机场迎接。**

——马云

俗话说，"名人讲话声最大"。借助名人或者明星效应来为自己的企业和产品造势、宣传，可以给企业的发展注入强大的推力，这无疑是取得成功的一条捷径。

《战国策》中有这样一个故事：一位卖马的商人将自己的骏马拉到集市上出售，然而一连3天都无人问津。无奈之下，商人把伯乐找来，让伯乐在街上走的时候，不时地回头看他的马。果然，人们见伯乐总看这个商人的马，心想这肯定是匹好马。结果，商人顺利地卖出了自己的马，而且价格也翻了一番。

这个故事讲的就是名人效应的作用。人们似乎都有这样一种心理，对"王婆卖瓜，自卖自夸"的宣传模式早已感到厌倦，而一旦有名人加入宣传，更容易提升人们对产品和企业的好感。

美国前总统克林顿早年访华时，曾到广西桂林访问，领略了"甲天下"的桂林山水，引得他由衷地赞叹，还因此延长了在桂林停留的时间。此后数月，桂林航线的旅游空前火爆，这就是现代名人效应的体现。

世界上有很多产品和企业，曾经默默无闻很多年，一经名人推崇和使用，立马身价倍增，跻身到行业前列。这就是名人效应的神奇魔力。

罗斯是一个犹太人，20世纪70年代，他在耶路撒冷开了一家酒吧，名字叫"芬克斯"。他很善于经营，短短几年就让一个默默无闻的普通酒吧，华丽变身为各国记者都趋之若鹜的地方。而这与美国前国务卿基辛格的两次被拒有着密不可分的关系。

当时，任美国国务卿的基辛格到耶路撒冷进行国事访问，听闻"芬克斯"酒吧不错，便想在私人时间去那里看看，还亲自打电话预约。接听电话的正是罗斯。基辛格简单地介绍了自己后，提出想去酒吧坐坐，并且提出："我有10个随从一同前往，到时请谢绝其他顾客。"但是罗斯却礼貌地回绝了基辛格："您能光顾本店，是我的荣幸，但我不会因此而将他人拒之门外。他们之中有很多是我们的常客，对酒吧很支持。"基辛格没想到居然会遭到拒绝，怏怏地挂了电话。

第二天，心有不甘的基辛格再次打电话预约，鉴于前一日的教训，他首先对自己的失礼表达了歉意，随后表示这次只需预定一桌，不会影响其他客人。然而，罗斯再次拒绝了他："很感谢您，但我仍不能接受您的预约。因为明天是星期日，本店休息。""我后天就要回国了，您不能为我破例吗？"基辛格问道。"很抱歉！我是犹太人的后裔，星期日对于我们而言是个神圣的日子。"无奈之下，基辛格只好作罢。

基辛格在耶路撒冷的酒吧吃了闭门羹的消息，随后被世界各地的报刊披露，"芬克斯"酒吧的知名度一夜之间大增。

这种利用名人效应进行宣传的营销手法，对创业者来说是最普通也最有效的营销手段，几乎屡试不爽，它所产生的效果和影响往往出人意料。所以，巧借名人的东风能够帮助企业和产品在短时间内获得新的契机。

## 第十二课　心态与头脑
"建立自我，追求忘我。"

　　人永远有后退的通道，我们来到这个世界，一定要搞清楚。刚才有人问我恐惧什么，我真没什么恐惧的。我觉得人生是个经历，不管你多牛，你一辈子就36000天的旅程，到这个世界不是来做事业的，不是来成就宏图大业的，你是来生活的。在生活中，你遇到了那么多同学、那么多朋友、那么多同事，有父母、有太太、有孩子，这些是人生中很多的经历，这些痛苦的经历也是经历，看清楚了就这么回事。如果社会、世界、缘分给了你很多机会，可以做很多事情，enjoy it。

——马云

## 1. 做人比做事重要

马云崇拜金庸武侠小说里的人物，而他也天生就有一副侠义心肠，从小就喜欢为朋友两肋插刀，甚至"路遇不平，拔刀相助"。马云在大学三年级的时候，一个同学因犯错被取消了研究生报考资格。热心的马云知道后，主动跑到校长那里，替这位同学求情，希望能给他一个机会。在马云的再三恳求下，校领导经过斟酌，决定给这个同学一次机会，恢复他报考研究生的资格，最后，这个同学如愿以偿，考上了研究生。不过，这位同学事后却并没有因此而对马云表达谢意，毕业后也音讯全无。

而马云对此并不在意，仍将身边朋友的事情当作自己的事情，积极热心地给予帮助，碰到不公平的事情，他也会挺身而出。

1995年的一个晚上，刚开始创业的马云正骑着自行车去公司，看见前方有几个大汉在抬井盖，他知道他们在盗窃国家的财产，于是立刻向四周看看，想找几个人和自己一同阻止他们，但是路上的几个行人都不想惹麻烦，不想上前阻止。

马云骑着自行车来回绕行了几圈，看着前方的几个壮汉，心想绝不能就这样不管不问，于是鼓足勇气冲他们大喊道："你们给我抬回去！"这时，路旁走过来一个男人，简单攀谈几句后，他让马云往身后看。原来不远处有一台摄像机，这是一个测试活动，目的是想看看当路人碰到这样的偷盗行为时究竟会有什么反应。

显然，马云的表现顺利通过了测试。后来，马云回想起这件事也感觉有点后怕，毕竟对方有好几个人，而且个个人高马大，如果自己不能脱身，很可能会遭到一顿痛打。但倘若自己也和其他人一样，不闻不问，任由别人偷窃国家财产，又实在对不起自己的良心。

马云曾经说过："做人远比做事重要得多。想要把企业做好，首先要学会做人，把基本的待人接物、敬业精神都学会，才能把事情做好。"

还有一次，马云参加北京世界经济论坛会。这次会议一共有 5 个人发言，但台下的听众却很少有人认真听，大部分人要么在交头接耳，要么摆弄手机，甚至还高声打电话。坐在下面的马云见状，不禁感到一阵阵脸红，他说："小企业家成功靠精明，中企业家成功靠管理，大企业家成功靠做人。"这些在会议上自顾自说话，丝毫不理会发言的企业家们，缺乏纪律性，也缺乏对人的尊重，何谈做好大企业呢？

所以，马云由始至终都在强调，无论是办企业还是做其他事情，做人都是摆在第一位的，是至关重要的。

## 创业关键词：做人

我们到这个世界不是来工作的，我们是来享受人生的，我们是来做人不是做事的。如果一辈子都做事的话，忘了做人，将来一定会后悔。所以，我觉得 48 岁以前我的工作是我的生活，48 岁以后我希望我的生活是我的工作。

不管事业多成功、多伟大、多了不起，记住我们到这个世界就是享受经历这个人生的体验。忙着做事一定会后悔。

——马云

美国哈佛大学著名行为学家皮鲁克斯曾有一句名言："做人是做事的开始，做事是做人的结果。把握不住这两点的人，永远都是边缘人！"诚然，一个人无论多么聪明能干，背景条件多么优越，如果不懂得做人，一定会在人生的道路上跌倒。

所以，我们要做事就要先学会做人，因为人格在空间上决定了做事的空间，人的各种素质也在做事中得到塑造和历练，同时，人还能通过做事激发潜能。只有精通做人的道理，经受做人的历练，才能健全心智，获得充沛的精力，最终取得事业上的成功。

他出生在香港的一个贫困家庭，由于生计所迫，他很小就被家人送到戏班。按照旧时梨园行的规矩，只要和戏班签订了生死状，就等于在约定的期限内将生死都交给了戏班的师傅。戏班里的管教异常严厉，吃尽苦头的他几次偷偷跑回家，但都被父亲骂了回去。转眼十几年过去了，他终于学有所成。然而，正当他打算一展身手的时候，戏曲行业却遭遇"冬天"，他空有一身本事，却毫无用武之地。

其时香港电影业正发展得如火如荼，但是那些男影星个个长相出众，外表平凡的他经人介绍终于在香港邵氏片场谋了个营生——跑龙套。他扮演的第一个角色，是一具"死尸"。几年的龙套生涯下来，他以自己的勤奋和厚道逐渐熬出了头，开始担任主角，有了小小的名气。

有一天，业内的何先生约他出去，邀他出演一个新剧的男主角，并向他开出了诱人的条件："除了应得的报酬，由此产生的10万元违约金，我们也替你支付。"说完，何先生强行塞给他一张支票，然后便离开了。

他打开支票一看，不禁吓了一跳！支票上竟然写着100万！从小受尽苦难、尝遍艰辛的他，不是早就希望有这么一天吗？但他转念一想，倘若自己毁约，现在的公司将遭受巨大的损失。

经过再三思量，第二天一早，他找到何先生，退还了支票。何先生对他的做法颇感意外，他却淡淡地说："我也非常爱钱，但是不能因为100万就失信于人，大丈夫当一诺千金。"

这让何先生对这位年轻人刮目相看。后来这件事情传开了，公司得知后很感动，主动买下了何先生的新剧本，并交给他自导自演。于是，他凭借电影《笑拳怪招》，一举创造了当年的票房纪录，大获成功。

那年他刚 20 岁出头，全香港都认识了他——成龙。

由上可知，学会做人是所有成大事者的成功秘诀。人格是一个人的脊梁，正所谓"得人心者得天下"。尤其对于想要创业的人，成功不过是外界对自己的一种评价，而自己要面对内心的事情有很多，只有把人做好了，事业才会获得成功，人生才能圆满。

## 2. 控制欲望才能不上当

2003年，周鸿祎急于获得搜索技术，结果被雅虎的杨致远拿住七寸，不得不把3721卖给了雅虎。然后，周鸿祎还去给杨致远当了一年多时间的雅虎中国区CEO。

当时周鸿祎手握庞大的代理销售商渠道，流量和收入都比百度要大很多，但他还是渴望获得搜索核心技术。这就如同一个孩子，手上已经有了一个苹果，可是觉得山竹更好吃，于是就盼望着再得到山竹。结果因为手太小，山竹没拿到手，苹果也丢了。

每个人都有欲望，但对创业者来说，在纷繁复杂的市场环境中，如果把握不好欲望，往往得不偿失。

"海纳百川有容乃大，壁立千仞无欲则刚。"在激烈的市场竞争中，创业者要想活得更好就得"有容"才能"乃大"；但是，在不乏陷阱的市场竞争中，创业者要想避免"突然死亡"，除了寄希望于市场大环境的稳定，还要做到"无欲"，这样才能"则刚"。这也正如马云所说，"上当不是别人太狡猾，而是自己太贪，是因为自己才会上当"。

淘宝网成立于2003年，但是实现首次收支平衡却是在5年之后。当年8月，阿里巴巴首席财务官蔡崇信在接受彭博社采访时表示，淘宝网和阿里妈妈合并后，获得了阿里妈妈覆盖的5亿流量；与此同时，他宣布未来5年将向淘宝网投入20亿资金。加上过去5年已经投入的14.5亿资金，这就意味着在10年里，阿里巴巴将向淘宝网投资共计34.5亿。反观另一事实，eBay刚一进入中国大陆市场，便实施收费政策，所有在 eBay 上开店的商家都要向 eBay 交纳平台使用费。结果，在 2002 年吞并易趣后 4 年后，eBay 将部分股份卖给了 TOM，转年 eBay 又开始了所谓另一种玩法——跨境交易。面对强大的竞争对手，淘宝网既没有知难而退，也没有进行大范围收费，更没有大幅提高收费水平。2012 年，淘宝网加上天猫（升级版淘宝网）全年交易额超过 1 万亿元，直逼中石化、中石油。

阿里巴巴控制住了向平台上的中小商家收取使用费的欲望，结果反而提前实现了盈利，先是击退了 eBay，继而实现了年交易额超万亿。这也正体现了马云良好的心态和聪明的头脑。

当然，是人就有欲望，渴望获得成功。尤其对创业者而言，欲望更是创业的原动力，关键在于如何利用好欲望，控制好欲望，让欲望成为前进的动力而非阻力。

1995 年，马云创建"中国黄页"；1999 年，马云成立阿里巴巴；2003 年，马云创办淘宝网；2013 年，马云的天猫商城上线……这些大动作的背后无不显露出马云及其团队对成功的欲望。再看看周鸿祎，他将 3721 卖了获利几千万，又做了雅虎中国区 CEO，但 2005 年他又从雅虎出来，创立奇虎 360。他这样做，除了所谓的"与杨致远合作很难受"之外，恐怕更真实的原因是他内心有想要创大业的欲望。

对创业者来说，欲望是一把双刃剑：一边是小欲望，容易成为前进道路上的牵绊；一边是大欲望，能够激发出人的潜能和动力。欲望不是洪水猛兽，不用害怕欲望。创业者要做的是，控制住小欲望，把持住大欲望。邵亦波把易趣卖给了 eBay，最后 eBay 消灭了易趣，成就了淘宝；雷军把卓越卖给了亚马逊，最后亚马逊消灭了卓越，成就了当当。所以，一个创业者是不是合格，要看他能否控制住小欲望；一个创业者是不是能成就大事业，要看他能否把持住大欲望。

把持住大欲望，会让真正的创业者成就大业绩。雷军要让小米手机在未来成为"苹果 + Facebook"的综合体，成就了受到新闻联播连续关注的全球最快手机——小米。马云有着"要建立世界上最大的电子商务公司，要进入全球网站排名前 10 位"的欲望，于是创建了阿里巴巴，成就了 B2B 老大的地位。

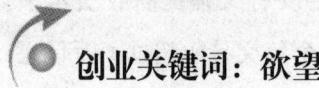
### 创业关键词：欲望

上当不是别人太狡猾，而是自己太贪，是因为自己才会上当。

——马云

众所周知，"全世界的钱都被美国人赚去了，而全美国人的钱都钻到犹太人的口袋里面了"。这句话道出犹太人赚钱的智慧。而犹太人有一个思想支柱就是《圣经》。《圣经》起源于《摩西十诫》，后来众多犹太人共同撰写了一本解读《圣经》的书叫《塔木德》，这本书几乎囊括了世间万事万物，被犹太民族称为"智慧的基因库"。

《摩西十诫》实际上就是犹太人的清规戒律，也是人类首个条律的产生。它主要是告诉人们什么能做，什么不能做。在《塔木德》中有这么一段解释更为准确："欲望无穷无尽，机会稍纵即逝，很多时候为了得到更多而一味等待，不采取行动，不但不能满足我们的欲望，反而把原来拥有的东西也丢失了。"

有一个企业家，事业做得风生水起。他的儿子大学毕业以后，想和他一起做生意。他看着儿子迫切的眼神，对儿子说："你可以来接我的班，不过我们先来做一个实验。现在我给你 2000 美元，你去赌场赌钱，什么时候你能赢钱了，什么时候我把公司交给你。"

企业家说完，儿子就去了赌场，结果一下子赌赢了。儿子很开心，又接着赌，结果 2000 美元全输光了。他只得来找父亲，父亲说："很遗憾，从今天起，你每个月要赌一次，不过你的赌资要自己赚。"于是，儿子只得先去打工，挣到了几百元钱再去赌，结果又输了。如此循环往

## 第十二课 心态与头脑
### 建立自我，追求忘我

复，儿子始终没有赢过钱。

后来有一次，他又赌赢了。这次他没有像往常那样，把手里的钱全部拿去赌，而是琢磨着怎样才能保证不输。最后，他总结了一套方法：有了本钱以后，每次赌之前都设定了输赢的上限为10%。比如他有100美元，就拿出10美元来赌。如果这10美元输光了，他还有90美元，反之，即便赢了他也不贪多。

几年以后，儿子再进赌场时心情已经平静如水，无论输赢都不会表现出强烈的情绪，而且每次输赢到自己的限度就会自动停下来。

企业家得知后，欣慰不已。他深知在这个充满欲望的世界上，能在赢时退场的人往往是最后的赢家。于是，他对儿子说："跟我回家吧，我们开个会，我决定把这个企业交给你。"

儿子看着父亲，惊讶地张大了嘴巴："我对公司的业务还不熟悉呢！"企业家却一脸轻松地说："业务并不是最关键的。这个世界上有多少人失败，并不是因为对业务不熟悉，而是因为无法控制自己的情绪和欲望！而你能够做到在成功面前控制你的欲望，在失败面前控制你失败的数额，你已经拥有了控制自己的能力。我可以把企业放心地交给你了。"

生活中，很多人并不懂得控制成功的欲望有多么重要，实际上很多人失败都是因为过分贪婪。所以，在创业的道路上，我们要学会控制欲望，保持清醒的头脑，冷静地思考和面对问题，最终实现自己的创业梦想。

## 3. 感恩成就人生

美国作家蒂芬斯说过:"每场悲剧都会在平凡的人中造就出英雄来。"生命的光芒会在苦难和坎坷的磨砺下更加夺目。马云在创业途中所经历的种种坎坷,让他切实体会到了真诚相助的可贵。

众所周知,马云缔造的阿里巴巴商业帝国创造了令全世界瞩目的成就。然而,这个超级商业帝国从默默无闻一路走到今天,背后经历过多少坎坷呢?在阿里巴巴艰难前行的日子里,又有多少人真诚地给予过支持?与那些已经发展几十年甚至有着上百年根基的成熟企业相比,阿里巴巴创建的时间并不长,甚至还只是个乳臭未干的毛孩子。试想,如果当初没有投资者的信任和帮助,没有合作方的支持和配合,仅凭一己之力,恐怕这个"孩童"早就夭折了。

淘宝网是阿里巴巴的支柱产业,也是阿里巴巴引以为豪的作品。淘宝网一路走来,同样也经历了无数困难和风浪。当初市场上几乎所有的大型网站广告都被国际巨头买断,淘宝网陷入了四面楚歌的境地,举步维艰。为了让淘宝网生存下去,马云不得不向众多中小型网站寻求帮助。

可以说,马云今天的成功与当初那些中小网站的支持密不可分。倘若不是它们及时伸出援手,阿里巴巴很难突破重围,在险恶、激烈的市场竞争中争得自己的一片天地,更不可能创造今日的辉煌。

马云将这些牢记于心,虽然他现在所取得的成功令人炫目,但是他并没有忘记自己身处困境时获得过的帮助和支持,他心里始终有一个心结，那就是自己可以为这些中小网站做些什么。

马云认为，中国的互联网要想健康持续地发展，就要打破被几个大型网站垄断和控制的局面，创造一个良好的网络生态环境，让各类中小企业都参与到竞争中来，形成多元化的、丰富的网络环境。同时，也为了向那些曾经给予他帮助和支持的中小网站表示感谢，马云创立了阿里妈妈。

马云明确表态，他并不关注阿里妈妈是否能创造利润，为他带来财富，他关注的是阿里妈妈是否可以创建一种合理的盈利模式，让那些中小网站从中受益。而阿里妈妈创建后交出的成绩单，证明了马云的决策是正确的，他想要表达感激的初衷也得以实现。

"记住别人的好，忘记别人的坏。"这是马云一直坚守的信条，更是他能够创造今日的商业传奇的秘诀之一。

**创业关键词：感恩**

今后要永远把别人对你的批评记在心里，别人的表扬，就把它忘了。

——马云

在一个"与成功者对话"的论坛上，一位现场听众向台上的企业家请教："您觉得一个人成功的秘诀是什么？"企业家并没有讲什么大道理，而是平静地告诉现场的听众："保持一颗感恩的心。只要你对人对事对物保持一颗感恩的心，你一定会成功。"他话音刚落，现场便爆发出了热烈的掌声。

感恩是一个人与生俱来的本性，是一个人不可磨灭的良知，也是现代社会成功人士健康性格的表现。感恩是一种处世哲学，是生活中的大智慧。人生的道路曲折坎坷，不知有多少艰难险阻，甚至遭遇挫折和失败。在危困时刻，有人向你伸出温暖的双手，解除生活的困顿；有人为你指点迷津，让你明确前进的方向；甚至有人用肩膀、身躯把你擎起来，让你攀上人生的高峰……你最终战胜了苦难，扬帆远航，驶向光明幸福的彼岸。那么，你能不心存感激吗？你能不思回报吗？感恩的关键在于回报意识。回报，就是对哺育、培养、教导、指引、帮助、支持乃至救护自己的人心存感激，并通过自己十倍、百倍的付出，用实际行动予以报答。

日本的传奇企业家和田一夫，起初经营着一家小小的蔬菜摊，最后创立了国际流通集团八佰伴公司，年销售额达到 5000 亿日元。这期间他历经 3 次大的挫折：第一次是在 21 岁时，热海的一场大火将绝大部分商铺毁于一旦；第二次是遭遇经济危机，他在海外的第一笔投资血本无归；第三次是在 1997 年，国际巨头八佰伴公司破产。那一次，和田一夫无异于从天堂跌入地狱，然而他并没有停止创业，还开始写感恩日记。

2006 年，年过七旬的和田一夫受邀到北京大学给总裁班的学员讲课，当时他就宣布要重新开始。学员们好奇地问："经历过那么大的挫折，而且您年纪也大了，究竟是什么支撑着您继续坚持？""就是它！"和田一夫拿出了 20 多本日记，那些就是他写的感恩日记。

果然，没过几年，和田一夫又成了一家上市公司的董事长。他说，坚持写感恩日记，让他对生活和未来充满了希望，觉得世界每天都充满阳光。

对创业者而言，感恩是一种生活态度，一种善于发现并欣赏美的情操。懂得感恩的人，会慢慢消化掉很多负面情绪，战胜烦躁、抱怨、沮丧、失望……而当眼前的世界充满阳光和希望时，机会自然也会越来越多，正如知名培训师郝新军说的："我们常为失去的机会或成就而嗟叹，往往忘记了感恩现在所拥有的一切，感恩是培养阳光心态的捷径。"

生活中有太多值得我们去感恩的东西。一个人如果有了一颗感恩的心，他就是一个幸福的人。如果每个人都心怀感恩，社会就会宁静祥和很多。在某种意义上，感恩其实是一种利人利己的责任：对自己的责任，对亲人的责任，对他人的责任，对社会的责任。

最后引用一段文字共勉："感激伤害你的人，因为他磨炼了你的心志；感激欺骗你的人，因为他增进了你的智慧；感激中伤你的人，因为他砥砺了你的人格；感激鞭打你的人，因为他激发了你的斗志；感激遗弃你的人，因为他教导你该独立；感激绊倒你的人，因为他强化了你的双腿；感激斥责你的人，因为他提醒了你的缺点。凡事感激，学会感激。感激一切使你成长的人！"

## 4. 诚信是财富之源

2007年5月7日,《赢在中国》第二赛季36强晋级12强虎符投票结束,赵继爽、董冰、李文按得票数分出了排名先后。按照比赛规则及赛事规定,其余两名将在36强选手中通过网上虎符系统,票选前3位的选手,再通过现场PK产生最后两个12强选手,然后赛事继续进行,进行实战演练。最后,赵继爽和董冰获得晋级12强的资格。

然而,时隔两天,排位第三的李文向《赢在中国》项目组披露,在虎符投票过程中,董冰与李文和赵继爽之间有幕后交易。项目组随即就此事展开调查:原来,虎符系统票选前3名的选手中出现了幕后交易——也就是两个人出钱换取一个人的退出。最后商议决定由其中两个人分别出10万和15万,而第三个人则在"赢在中国"网站发表声明退出比赛。这笔钱款将于投票前与投票结束后两次付清。于是,在这个模拟了几乎所有商业模式的节目里,真实出现了对诚信的挑战。

这件事透露出的问题似乎很现实,和在很多行业中存在的潜规则一样。它们的目的是一致的,那就是对财富的追求。而马云对选手的点评,也引发了很多人的思考和感悟:

"你犯了一个几乎所有创业者都会犯的错误,也没什么大不了。商业社会其实是个很复杂的社会,但是我觉得只有一样东西,自己能够把握,那就是诚信。因为诚信所以简单。越复杂的东西,越要讲究诚信。

"作为一个企业家,我相信在座的很多人,包括我自己,都在反思。我想成为这样的企业家吗?我们是企业家吗?企业家、商人和生意人有什么样的区别？生意人唯利是图，有钱就赚；商人有所为，有所不为；而企业家必须承担社会责任，创造价值，完善社会。

"但是，你如果想做一个优秀的生意人，一个优秀的商人，一个优秀的企业家，你必须有一样东西，那就是诚信。诚信是个基石，最基础的东西往往是最难做的。谁做好了这个，谁的路就可以走得很长、很远。

"跟你一样，我是从大学里出来开始创业的，有4个人骗过我。每次他们讲的故事都非常好听，但是每一次我都上当。今天我活下来了，骗过我，当时比我们大得多的4家企业都关门了，而我们还存在着。骗别人的人，一定会在某一天倒霉。想要不上当，就得让自己扛得住诱惑，扛得住压力，扛得住贪。"

我们都知道B2B被马云做得别具一格，国外的B2B是为了帮助企业节省时间和金钱，而马云却将其定位为帮助中小企业盈利。马云认为，在这个领域中，最终的赢家是那些诚信的人。

马云自创建阿里巴巴第一天起，就受到诚信缺失的困扰。他认识到，因为诚信缺失，在当时的中国要做电子商务，应该是3年以后的事，所以阿里巴巴只做信息流。现在看来，可以说这是马云的明智选择，但在当时，这其实是个无奈的选择。

阿里巴巴的目标是要做真正的电子商务，是做包括信息流、现金流、物流的电子商务。从2000年到2003年，马云一边耐心等待，一边积极筹划。

2002年3月，马云推出了有别于"中国供应商"的专区诚信通，与信用管理公司合作，对网商进行信用认证。

所谓诚信通，就是和信用管理公司合作，对网商进行信用认证。买卖双方在进行交易前，可以在诚信通里查到对方的信用档案，获得详细的企业信息以及会员间的评价，这些都能证明对方的信用。同时，这些记录无论好坏都将是永久的、不可更改和删除的，将伴随会员终身。

随后，马云提出口号："只有诚信的人才能富起来"，并开始对阿里巴巴会员实行有限制收费。"中国供应商"会员年费一涨再涨，从1.5万元涨到4万、6万元，而诚信通新增会员在2003年更呈火爆之势。

2005年，阿里巴巴要做的是努力打造诚信的社区。诚信是电子商务一定要过的独木桥。马云认为，一个网站上人再多，如果不讲诚信，一切都是空谈。早在2002年马云要推出诚信通的时候，无论是公司内部还是外部，大家都说他在开玩笑。但马云还是坚定地按照自己的决策走下去了，事实也再次证明了他的睿智。很多会员在自己的名片上印了诚信通，很多会员在阿里巴巴进行网上业务之前，第一个问题是：你是不是诚信通？

如今阿里巴巴的网上诚信体系已经形成。没有这个诚信体系，阿里巴巴将永远是个大BBS而不是真正的电子商务；没有这个诚信体系，阿里巴巴就不可能成为世界上最大的B2B网站。

在接受媒体采访时，马云曾对诚信通做过阐释："诚信通其实很简单，以后谁要和你做生意，先看你在网上的诚信通活档案，你获奖了可以放上去，法院对你判决了也可以查到。我希望全中国的企业都有一份网上的活档案——这是信誉的档案！如果你的档案里有不好的记录，我们要张榜公布出来。你做了坏事，我就让你活着比死还难受。"

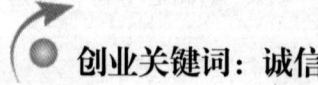

### 创业关键词：诚信

今天通用电气和我们有网上的合作，选择诚信商人作为其潜在供应商，沃尔玛也选择阿里巴巴为合作伙伴。我们不评论企业是否诚信，诚信是靠自己做出来的。

——马云

## 第十二课　心态与头脑
### 建立自我，追求忘我

在世界商业领域，犹太人的成就独树一帜。他们的经商智慧往往被奉为圣经，而其中最重要的一点就是他们重信守约。有这样一句形容他们的话："犹太人宁愿自己 3 天不吃饭，也不会不按合同付清他该付的钱。"正是犹太人重信守约的精神，使得他们在世界商业领域赢得了自己的一片天下。做企业也是如此，倘若失去了诚信，便意味着失去了创业的根本，即使远走天涯，也难以获得安身立命之地。

美国著名经济学家托马斯·J. 斯坦利博士通过调查 100 个百万富翁，发现居然有 76 个人把自己获得成功的主要因素归结为"真诚地对待所有人"。他们认为，在所有造就成功的因素中，诚信的重要性首屈一指。

具有"华尔街金融帝国主宰者"之称的摩根财团，是世界上为数不多的巨型公司，而摩根家族在创业之初，就是依靠诚信走过困境，最终取得成功的。

1835 年，美国一家名为伊特纳的火灾保险公司组建。它对入股的要求很低，股东不需要立刻缴纳现金，只需在名册上签上名字即可。当时，一个名叫摩根的人生活窘迫，正在为如何获取效益而发愁。这家小保险公司的入股条件恰好符合他的需要。他没有犹豫，立刻报名当上了股东。

不久，在伊特纳火灾保险公司投保的一家客户不慎遭遇了严重的火灾。如果公司按照规定将这家客户的赔偿金全部付清，将面临破产。

股东们听到这个噩耗，失望极了，很多人要求退还股金。面对公司的困境，摩根没有选择逃离，而是把信誉放在第一位，想尽一切办法筹措款项，甚至卖掉了自己的住房。同时，他还把要求退股的股东股份全部低价收购，最后，那个投保的客户分文不少地拿到了赔偿款。

这时，摩根成了伊特纳火灾保险公司的老板，但是因为支付赔偿金已经两手空空，公司依然面临着破产的危险。为了拯救公司，他不得不硬着头皮做广告宣传：倘若客户再到伊特纳火灾保险公司投保，全部加倍收取保险金。令他意想不到的是，前来投保的客户络绎不绝。

这是因为，伊特纳火灾保险公司以自己的实际行动履行了"诚信第一"的诺言，客户完全信得过。它从此走出困境，知名度甚至超过了不少大的保险公司。

风险投资界有句名言："风险投资成功的第一要素是人，第二要素是人，第三要素还是人。"由此可见，创业者的个人素质是风险投资家最看重的因素。股神巴菲特也对那些经营稳健、讲究诚信的企业特别青睐，他曾明确地说："做人做事，诚信第一。"他所投资的可口可乐，卖的不是饮料，是品牌，是美国精神的象征，是美国生活方式的代表，更是巴菲特对可口可乐创造人的肯定与信任。

对创业者来说，诚信没有饱和期，它需要我们用一生的时间去追求，否则将前功尽弃。不欺骗，不隐瞒，不躲闪，这才是正确的人生态度。当我们带着真诚走在追逐梦想的道路上，生命的天平便不会失衡，不会摇摆不定，我们的生命的指针将会稳健地指向梦想。

## 6. 挫折和苦难让人更加坚强

从 1995 年到 1999 年的 5 年间,马云熬过了最艰难的一段岁月。后来,每当回想起这段日子,马云总是感慨万千:"5 年苦难是我们最大的财富,也是成功的重要原因。别人可以拷贝我们的网站,但无法拷贝我们 5 年的苦难。"

1995 年,马云创办了中国最早的互联网企业"中国黄页"。然而,他首次创业并不顺利,两年后,他被迫离开了重组后的"中国黄页",这是他遭遇的第一次失败。外界对于马云离去的原因众说纷纭,但究竟为什么,连马云自己也很难说清。后来有人这样评价:倘若当初不与杭州电信合作,或许这一切就不会出现。

但马云当时选择与杭州电信合作也是迫不得已。他做互联网时,整个中国市场也没有几家同行,虽有竞争但并不激烈。到 1997 年,互联网开始受到媒体的关注,被视为新经济最有力的代表,这样一来,马云的"中国黄页"一下子冒出来许多对手。

对马云来说,当时最有力的竞争者就是杭州电信,而双方的实力相差悬殊:论资本,杭州电信的注册资本为 3 亿多元,而马云的注册资本只有 2 万元;论资源,杭州电信有着非常好的社会资源和政府资源,而马云什么都没有。杭州的市场有限,竞争中必然会有一方被淘汰。除此之外，为了利用"中国黄页"现有的影响力，杭州电信做了一个同样名称的网站，也叫"中国黄页"，借此分割马云的"中国黄页"的市场。

在这种情况下，为了公司的生存，马云选择了与杭州电信牵手。1996年3月，马云的"中国黄页"将资产折合成60万元，持股占30%，而杭州电信投入资金140万元，持有70%的股份。这样一来，"中国黄页"顺理成章地被杭州电信收编。

这次失败的经历，使马云对资本有了深刻的体会和认识，也为阿里巴巴接受风投积累了有益的经验。

之后，马云带着5个年轻人来到了北京，在北京租了一个不到20平方米的小房间，昼夜无休地拼命工作，给外经贸部做网站。他们的努力没有白费，外经贸部成为中国首个上网的部级单位。后来，外经贸部又成立了EDI（中国国际电子商务）中心，由马云负责组建、管理，其中，马云持有30%的股份，外经贸部占70%的股份。马云每个月只能拿到几千元的工资，其余什么也没有。

尽管外界都说马云与外经贸部的合作是中国的"梦之队"，但马云渐渐发现在政府的编制里很多事很难做，有很多难以说清的问题。他陷入了困惑之中，如果继续留在北京，机会并不是没有，新浪和雅虎都希望他加盟，但是马云觉得北京的网络太浮躁，想做成一件事并不容易；另一方面，马云意识到中国的网络形势已经发生了微妙的变化，全球互联网高潮即将来临，选择留在政府势必会错过这千载难逢的良机。思来想去，马云最终决定南下。

1999年初，马云再次回到杭州，创建了阿里巴巴。创建初期的阿里巴巴急需资金支持，而此时也正是互联网如火如荼的大好时期。在马云湖畔花园的家中办公的阿里巴巴员工，几乎每天都会接到很多投资电话，但是这些投资意向都被马云拒绝了，因为这些投资者都提出了要控制阿里巴巴的条件，这是马云无法接受的。最终，他选择了高盛的 500 万美元"天使基金"以及后来日本软银孙正义的 2000 万美元的投资。

2002 年，在互联网市场跌入低谷的情况下，《IT 时代周刊》这样描述了阿里巴巴的脱颖而出：在过去两年里，北京的互联网企业仿佛电梯一样从天堂层层下坠，直到落到地狱。几乎所有的互联网英雄都在这个炙热的市场中疯狂，也没有一个最终在疯狂后的灾难中全身而退。而依托杭州的阿里巴巴却无可争议地一跃成为中国最好的 B2B 电子商务企业。

是的，苦难和挫折并不可怕，正如英国小说家、剧作家柯鲁德·史密斯所说："对于我们而言，最大的荣幸就是每个人都失败过，而且每当我们跌倒时都能爬起来。"事实也是如此，我们从失败中学到的东西，远比在成功中学到的还要多。正是因为不断地经受磨难，人才能变得更加坚强。

 **创业关键词：挫折、苦难**

对所有创业者来说，永远告诉自己一句话：从创业的第一天起，你每天要面对困难和失败，而不是成功。我最困难的时候还没有到，但有一天一定会到来。困难不是不能躲避，不能让别人替你去扛。9 年创业的经验告诉我，任何困难都必须你自己去面对。创业就是面对困难。

——马云

汽车轮胎的最早设计理念是要足够坚硬，用来抵抗道路不平带来的颠簸。但是，这样的轮胎往往脆弱异常，经常在行进的过程中就四分五裂了。后来经过多次的尝试和更新，轮胎才成了我们现在用的这样，它可以有效吸收道路不平和车体重力带来的双重压力，从而持久耐用。

创业也是如此，面对失败和挫折，创业者应及时调整自己的心态和情绪，学会总结经验、吸取教训，从而校正人生的坐标和航线，让挫折和创伤成为前进的动力和精神财富。

必胜客餐厅的创始人弗兰克·卡纳利的创业经历就充分证明了这一点。

弗兰克·卡纳利说必胜客的成功与自己不断从错误和失败中总结经验有着密切的关系。当他在俄克拉荷马的分店遭遇失败后，他明白了选择地点和店面装潢的重要性；当在纽约遭遇失败后，他又做出了硬度不同的披萨；当地方风味的披萨得到消费者的认可后，他又推出了芝加哥风味的披萨……

卡纳利经历过很多次失败，但是他总是将失败的经验变成成功的垫脚石，以积极、乐观的心态去面对这些失败，使得他的必胜客在19年内就扩展到拥有超过3000家店面，总价值高达3亿美元。卡纳利对创业者的忠告是："你必须学习失败，必须用积极的心态去面对可能的挫折，承受失败后再奋起出击，才能学会成功。"

可见，在通往成功的道路上，挫折和困难不过是其中的小插曲，只要你充满信心，培养乐观的心态，就能从人生的低谷中走出来，重新敲开成功的门。

卡尔是个不幸的少年。他的母亲在他10岁时因病去世，父亲是个

## 第十二课 心态与头脑
建立自我，追求忘我

长途汽车司机，常年在外，无法照顾卡尔。因此，卡尔很小的时候就学会了做家务，自己照顾自己。

然而，命运并没有过多地关照他。当他刚满17岁时，父亲在工作中不幸因车祸丧生，从此他成了孤儿。噩梦依然没有结束，在卡尔即将走出悲伤、开始独立谋生时，他在一次工程事故中失去了左腿。一连串的意外与不幸并没有击垮卡尔，他勇敢地面对随之而来的生活中的不便，学会了使用拐杖。后来，他用自己所有的积蓄开了一家养殖场，但命运似乎存心和他过不去，他的养殖场遭遇了一场突如其来的大水，他最后的希望也被夺走了。

卡尔终于忍无可忍了，他气愤地来到神殿前，责问上帝："你为什么对我这样不公平？"上帝听到责骂后，平静地反问："哦？哪里不公平呢？"卡尔将自己的遭遇一五一十地告诉上帝。上帝听了少年的遭遇后，说："如果这样的话，你的确很不幸，那么，你怎么还活着呢？"他听了上帝的嘲讽，气得颤抖着说："我不会死的，经历了这么多磨难，已经没有什么能让我感到恐惧，总有一天我会依靠自己的力量，创造自己的幸福。"

这时，上帝转身朝向另一个方向，温和地说："你看！"接着他对少年说，"这个人生前要比你幸运，生活富足，家庭幸福。不过，他最后一次的遭遇和你一样，他也遭遇了洪水，失去了所有的财富，不同的是，之后他选择了自杀，而你却坚强地活了下来。"

巴尔扎克说："绝境是天才的晋升之阶，信徒的洗礼之水，能人的无价之宝，弱者的无底之渊。"磨难和困境，永远只是人生的调色剂。对于创业者来说，创业之初肯定会遇到种种困难和挫折，但正是这些拦路的不速之客，能够让一个人的意志变得更加坚定，让一个人在失败中获得宝贵的经验。只有饱尝失败滋味的人,才会对人生有更深刻和成熟的体会和理解。所以,我们要做的就是,坚定而乐观地走出困境,把失败的经历和痛苦的遭遇当作前行的动力,在生命的洗礼中完成蜕变。

# 附录  马云演讲录

## 第一篇  马云在斯坦福大学的演讲

大家好！我今天感到非常荣幸能来到这里和大家见面。大约几个月前，斯坦福邀请我来演讲。我没有预料到。很多人说因为所有关于雅虎、阿里巴巴和许多其他的新闻，这个时间点来这里演讲是非常敏感的。但是既然我做了一个承诺，我就得来。今天如果你有任何问题要问我，我都会一一回答。

今天是我来美国的第 15 天，而且我打算在这里待上一年。这个计划没有人知道，甚至我的公司也不知道。大家问我为什么要来这里，要做收购雅虎的准备吗？不，大家都太敏感了。我来这里是因为我累了，过去 16 年来太累了。我在 1994 年开创我的事业，发现了互联网，并为之疯狂，然后放弃了我的教师工作。那时候我觉得自己就像是蒙了眼睛骑在盲虎背上似的，一路摔摔打打，但依然奋斗着、生存着。在政府机关工作了 16 个月之后，1999 年我建立了阿里巴巴。

我们还幸运地拥有着淘宝网、支付宝、阿里云和集团下其他的公司。所以，建立阿里巴巴 12 年后的今天，我决定休息一段时间。尤其今年的挑战实在是太艰辛了，这也是我没有预料到的。中国人说每 12 年是一个本命年，阿里巴巴今年在中国刚好是第 12 年，也遇上了许多棘手的问题，比如今年初因为供应商欺诈事件导致首席执行官辞职，还有 VIE 的问题（虽然我到现在仍然不知道什么是 VIE），以及把淘宝分成 4 个公司的决策。所以，忙完所有这些事情之后我累了。我告诉自己，为什么不花个一年时间好好休息？尤其明年是我个人的本命年，肯定会比今年更辛苦。我想要花多一点时间好好准备，迎接明年更艰苦、更困难的挑战。我需要好好休息才能为三四年后的挑战做好准备。这三四年如果事情出了错，大家可以批评淘宝网、阿里巴巴或阿里云的首席执行官，但是三四年后，如果事情出了错，那就是我的错。所以我准备在美国花上一段时间好好思考和放松。前两天，我开始再次练习起高尔夫球，好好放松。总之，我来美国的目的真的不像大家揣测的这么复杂。

我们是一家非常幸运的公司。我没有任何背景，没有富裕的父母，也没有很有权势的叔伯们，根本不用想能够有成功的机会。我记得1999年来到硅谷寻找资金，跟很多风投、资本家接洽，也去了Menlo Park一带开会。但是没有人有兴趣投资阿里巴巴，我被一一回绝了，一点资本都没有拿到。但是，我仍然充满信心。我看到了美国梦，我看到硅谷的快速成长，我看到许多公司的停车场不管是白天还是黑夜，从周一到周日，都停满了车。我相信那种快速的成长也会发生在中国。接着我创立阿里巴巴，12年过去了，到今天取得了很多成绩。但在那之前，没有人相信B2B能够在中国发展。当时B2B美国有名的公司包括Ariba.com、Broadvision和Commerce One，这些公司的主要客户都是大公司的买家们。没有人觉得中国近期内会有大公司出现，而大公司也不会有电子商务的需求，因为所有大公司都是归于政府，他们只需要配合政府的政策就可以了。但我的信念是，我们必须要专注于小型公司，因为未来是私营企业的天下，所以我们必须把重点放在小型企业。

还有，美国大公司的B2B是非常专注于买家的，美国的买家们需要许多建议来帮忙节省成本开销和时间。但是，我相信中小企业不需要这方面的帮忙，他们比我们还厉害，懂得更多。我们应该专注于帮他们赚钱，把产品外销出去。当时我们也遇到了很多挑战，但是12年过去了，今天全球有58万家小型企业在使用阿里巴巴来做生意。我们的生意模式和腾讯或百度相比，可能并不是十分吸引人，我们也并不靠网络游戏赚钱。但是我们晚上可以睡得很安稳，因为我们知道我们赚的钱并不是从网络游戏上来的。我们的收入是靠帮助小企业成长而来的，这一点我感到十分骄傲。直到今天我都没有为阿里巴巴赚了多少钱而骄傲过，我为我们影响和帮助了其他人，尤其是小企业主而骄傲！

在互联网之前，没有人可以帮助超过5000万的中小企业，但是今天，我们正在努力这么做。人们会跟我说："马云，如果你能把阿里巴巴搞好，那相当于你将好几吨羊运到了喜马拉雅山顶上。"我说："是的，我们还会把它们运下来，而且我们做到了。"

我的第二个公司是淘宝网。大家都跟我说："天哪，你是在跟eBay竞争啊！"我说："为什么不？"中国需要一个电子商务网站，创建一个中国的网络交易市场需要时间和精力。所以，那个时候大家告诉我在中国做这个没戏。我说，如果你不尝试，怎么知道没戏？于是我们就尝试了。我说如果eBay是大海里的鲨鱼，那我们就是长江里的扬子鳄。我们不在大海里打架，我们在长江里练练。一开始很困难，但是很有乐趣，而且我们最后活下来了。一开始eBay占据了中国C2C市场的90%，但是到了今天，我们拥有中国C2C市场90%的份额。我们很幸运，真的只是幸运。很多事情以后我们还可以再讨论。

今天，大家总是在写关于阿里巴巴的成功故事，但是我并不真的认为我们有多么聪明，我们犯了很多错误，当时我们还是很愚蠢的。所以我在想，如果哪天我要写关于阿里巴巴的书，我会写《阿里巴巴的一千零一个错误》。这才是大家应该记住的事情，应该学习的事情。如果你想知道其他人是怎么成功的，这是非常难的，因为成功有很多幸运的因素；但是，如果你想学习别人是怎么失败的，你就会受益很多。我总喜欢看那些探讨人如何失败的书。因为当你仔细分析的时候，会发现任何失败的公司，他们失败的原因总是不尽相同，而这才是最重要的。所以淘宝网成功了，接下来我们做了支付宝。因为大家都说中国没有信用体系，银行很糟糕，物流很糟糕，你为什么还要做电子商务？今天，我不是来这里跟大家说我的生意经的，我没有准备PPT，因为我没有股票要卖给大家。但是我想，正因为中国落后的物流、信用体系和银行，我们才需要有创业精神。也就是说，我们需要创建自己的蓝图。我相信这件事情是我先做了，然后慢慢地就成了中国的标准。我记得6年前当我来美国的时候，我说我相信5年以后，中国的网民人口会超过美国。人们说，不会的。然后我说，你们的人口才3亿，中国有13亿人口不是吗？如果让你们有4亿人口，没有人口死亡，人们还要不停地生孩子，你们需要50年的时间。我们只需要5年时间，所以这只是一个时间问题，不是吗？我们走着瞧。今天，中国网络用户的人数超过了美国。然后人们说，为什么你们的购买力这么低？我们5年后再说。今天，每月人均消费大概只有200元人民币；5年以后，这些人会消费2000元。我们很有耐心，我们还很年轻。我是老了，但是我们的员工平均年龄才26岁，他们还很年轻，所以让我们期待未来。

当时做支付宝的时候，大家说这是一个很傻的担保服务。张三要从李四那里买点东西，但是张三不肯把钱汇给李四，李四也不肯把货给张三。所以我们就开了一个账户，跟张三说，把钱先汇给我，如果你对货物满意，那么我付钱；如果你不满意，你退货，我退钱给李四。人们说你的这个模式怎么这么傻啊？我们不关心这个模式是不是傻，我们关心的是客户是不是需要这样的服务，我们是不是满足了客户的需求。如果这东西很傻的话，今天中国就有超过6亿的注册用户在用这个傻东西。所以傻的东西，如果你每天都改善它一点，那么它就会变得非常聪明。所以今天支付宝很好，我们还在成长。支付宝跟Paypal很像，但是从交易量来说，我们比Paypal更大。

最后，也是最重要的，是我们的阿里云计算，这个公司跟其他谈论云计算的公司不同。那些公司是想把他们的软件和硬件卖给你，但是我们没什么可以卖的，我们通过云技术对自己的数据进行计算，包括来自中小企业的数据，来自淘宝网消费者的数据，以及来自支付宝的数据。我们相信未来的世界将是信息处理的世界。如何很好地与他人分享数据，将是未来商业的核心。这个公司目前还不是很好，但是盈利能力很强。

整个公司都很健康。一开始人家说这个公司不可能成的，但是我们活下来了。我们很有耐心。我们总在问自己一个问题："为什么我们还要这么辛勤地工作？"有一天，我问我的同事，他告诉我："Jack，第一，我从来不知道我这辈子还能做这么多事情。第二，我从来不知道我现在做的事情对社会这么有意义。第三，我从来不知道生活是这么艰辛的。"我们没日没夜地工作，甚至现在也是这样。我变得更瘦了，而且长相更奇怪了。我知道生活不是件容易的事。我们很骄傲，我们在改变中国，而不是赚了很多钱。

10年前，当我走在街上，有人跑过来感谢我，因为阿里巴巴帮助他得到了国外的订单、国外的生意。今天，当我走在街上，有人过来感谢我，说他和妻子在淘宝网上开了个小店，以此为生，并且收入不错。这对我来说意义重大。我们将诚信变得有价值（你的诚信是可以变成钱的）。许多年前，如果你有很好的信誉记录、交易记录，你可能并不富有。今天，如果你在淘宝网上有很好的信誉记录、交易记录，你将会非常富有，因为人们都愿意跟信誉好的店家做生意。我们教育消费者要聪明。有人来跟我说："马云，我在淘宝网上买了个东西，非常非常便宜，你说这是假货吗？"是的，我们淘宝网上有假货，假货在现实生活中无处不在，但是我们用了非常大的努力，用大量的人力物力来对付这个问题。在淘宝网，有50%的工作人员每天的工作是筛查侵权、伪冒商品。但是，如果有一瓶红酒，在线下的商场里买要300美金，而在淘宝网上只要9美金，为什么会这样？因为渠道、广告费用。为什么消费者要为这么多其他费用买单？我们帮消费者省了，所以我们对消费者说，如果你在淘宝网上买一件15块钱的T恤，而它在商场里要卖150块钱，那不是因为淘宝网卖得太便宜了，而是因为商场里卖得太贵了。我们应该帮助消费者变得更聪明。

我们看见在中国有很多工厂，尤其是在广东，它们其实是公司，并不仅仅是加工厂。它们仅仅是做代工，这些代工的产品生产之后就在淘宝网上卖。它们不知道谁是它们的销售渠道，也不了解最终购买它们产品的客户。这种代工厂，在有问题发生的时候（比如金融危机），会马上陷入困境。所以我们应该告诉这些生产者，你必须直接跟自己的客户沟通，应该自己去做销售，自己提供服务，这才是真正地做生意。否则，它就只是个工厂。我们正在改变这些工厂，扭转这种局面，我感到非常自豪。这与财富无关。因为如果你有100万，你是个富有的人，但如果你有1000万，你可能就有麻烦了。你会担心通货膨胀，于是你开始投资，接着你就可能遇到困难。如果你有10亿，这就不是你个人的财富了，而是社会的财富。你的股东、投资者，认为你应该比政府更能有效地使用这些钱，于是他们给你信任，那你要如何运用好这笔钱，对得起他们的信任呢？我觉得这是我们所面临的挑战。阿里巴巴的产品，其实并不是服务，是人，是我们的员工。

我们员工的平均年龄是26岁，我们正面临着许许多多的挑战，这些是我曾经没有意识到的。曾有一位政府高层来公司访问，他说："马云，如果你们淘宝网有3亿用户，那就已经比我管理的国家还要大了。"我说："是的，这个管理的难度非常大。"不管我们制定出什么新政策，都会遇到各种压力。当用户有抱怨的时候，就好像是对制定政策的政府不满似的。正是这些平均年龄26岁的员工，在制定着淘宝网的"游戏规则"，我们从未有过这样的经历。如果我们改变一下，比如说做搜索引擎，传统的搜索引擎，会让卖得好、最便宜的排在前面，但我想，我们会让最有信用和信誉的排在最前面，之后，会有很多的人会去验证。有200个人来到我们公司，跟我说，我们会为改变游戏规则而付出代价。

我的回答是，如果这个改变是正确的，我们就要做下去。眼前的这个世界，也是我们改造出来的。我们不需要不能服务于人的项目。我们需要社会学家、经济学家，让这些人来制定我们的政策规则，所以我们还面临着许许多多的考验。但我们仍觉得骄傲。我相信在21世纪，如果你想做一家成功的公司，你需要学会的是如何解决社会上存在的某个问题，而不仅仅是学会如何抓住几个机会。抓住机会是非常容易的，我不是吹牛，我觉得今天，在阿里巴巴成立12年后，赚钱非常容易，但是要稳定地赚钱，并且对社会负起责任，推动社会的发展，非常难。这也是我们正在努力为之奋斗的。我相信中国因为有了互联网，在未来的3年内会有很大的发展。今年，人们说很多中国的股票因为VIE掉了很多。我相信，如果你看看其他地区的经济，比如美国目前正面临巨大考验，比如欧洲可能已经无所适从，那中国会怎么样？所有发生在美国和欧洲的情况，三四年后也会发生在中国。三四年后，中国的经济将面临巨大的挑战。如果你预感到了将会有糟糕的事情发生，那就从现在开始为之做准备，而不是到时候抱怨和哀号。作为互联网公司，我们必须承担起我们的责任。我不是政治家，我只为自己说话，为我的客户——5000万中小企业者和800万淘宝网卖家说话。他们在3年后要如何生存下去？这也是我此次来到美国想要学习的。跟奥巴马学习他将如何增加就业，他会怎么做，从错误中整理经验，然后在3年后，用我们的方法帮助我们自己。这就是为什么我会来这里。

## 第二篇　马云在杭州师范大学的开学演讲

我觉得你们特别有眼光，刚刚老师说了，杭师大是一个魅力很大的学校，具备未来的战略眼光。它主要来自于我们有这么多有魅力的学生、有眼光的年轻人选择了杭师大。我深信不疑地相信，杭师大是全世界最好的学校。

我没有必要拍大家的马屁，我也不想把自己抬得太高。但是我确实去过很多大学，哈佛也好，MIT（麻省理工学院）也好，或者北大、清华，不管怎样，我都以杭师大为傲。我一直说这是最好的学校。因为，好与不好，很多时候不是别人怎么看，而是你自己怎么想。如果你觉得自己不好，你就没有好机会；如果你觉得自己好，你就不断有好机会。

杭师大跟北大、清华比，在世俗眼光里是有距离的，但是正因为有距离，才给了我们机会。假如我当年考进了北大，就不是现在的马云了。因为杭师大给了我这样的机会。

人生不是你获得了什么，而是你经历了什么。

我自己也想，今天这个开学典礼不是为了庆祝我们曾经出了多少校友，而是我们希望培养出更多更好的校友。这些校友就来自这里，就坐在下面。因为你信，你才有机会；如果你不信，你一点机会都没有。

大家在学校里会学到很多知识，我相信学校里学到的那么多知识，毕业后真正所用并不多。但学校的经历给了我们很多。人生不是你学到了什么，不是你获得了什么，而是你经历了什么。大学4年可能是我们人生中最美好的，但也是最痛苦的，因为每天忙着考试。

我到前几年还做梦，梦见自己在考试。有时醒过来想，我今天终于不是学生了。很美好，但是一定带着痛苦。真正的幸福一定是和眼泪、欢笑、汗水结合在一起的。如果你在杭师大4年没有眼泪，没有欢笑，没有汗水，我相信你不会成功。

同时，我也在想，什么是成功？成功的"成"是成就自己，"功"是功德天下。只有成就了自己，帮助了别人，你才会有真正成功的感觉。所以大家想着自己的时候也想想将来，自己能给别人做些什么事。

有3件事情是我必须告诉儿子的。

你们大概和我孩子的年龄差不多，或是比我的孩子大一点。我儿子生日时，我给他发了一封 E-mail。老爸给儿子写信总有点奇怪，但我觉得有3件事情我是必须告诉他的。

第一，永远用乐观的眼光看待这个世界。

在这个社会上，你永远会郁闷，一定会郁闷，一定会痛苦，一定会沮丧，一定会觉得这个不爽，那个不爽。不仅你们这么觉得，人类社会几千年以来几乎每个人都郁闷过，每个人都痛苦过，每个人都难过过。但是，人类社会永远是一代胜过一代。在座的，你们一定会胜过我们，一定会胜过所有的院长们，这是我们的希望。不管发生什么事情，要相信明天会更美好。

这个世界会有很多令人不满、不爽的事情，你改变不了多少。改变自己，才能改变未来。

给大家举个例子：前段时间日本地震，云南刚好也地震，我们公司决定捐给日本多少钱，云南多少钱。结果很多同事说我们干吗捐给日本，我们为什么不捐给自己的国家，很多人提出了抗议。我写了回信，我认为，你捐是对的，不捐也是对的，但是你自己不捐又不让别人捐，那是错的。今天任何一个灾区不会因为你的捐款发生改变，但是你捐了钱是因为你发生了改变，这个世界才会发生改变。不管外面多么麻烦，你改变了，世界才会改变。

第二，我希望大家永远用自己的脑袋思考。

脑袋是自己用的，不要甲说好就说甲，乙说好就说乙。永远用自己的脑袋独立思考，用自己的独立眼光去看待任何问题。任何人要去的时候，停一下，其实不差两秒钟；任何人反对的时候，也停一下，思考也不缺这两秒钟。永远用自己的脑袋思考，永远像今天一样，用一种新生儿所具备的充满好奇的眼光，看待这个世界，看待边上的人。

永远记得用欣赏的眼光看别人，用欣赏的眼光看自己。只有懂得用欣赏的眼光看待别人的人，才会有成就感。永远要用欣赏的眼光看自己，我一直给别人的建议是：假如你毕业于名校，请用欣赏的眼光看别人；假如你毕业于普通的学校，请用欣赏的眼光看自己。因为只有这样，我们才能一步一步地走过难关。永远保持好奇心，到了80岁、90岁，你也觉得那女孩长得挺漂亮，那就对了。

第三，永远讲真话。

真话是最难讲也最容易讲的。真话永远听起来不爽，但是它又是最爽的。所以学弟学妹们，我们要在4年的学习过程中，enjoy your life（享受你的人生）。同时，乐观，独特并且讲真话。我相信只有这么走，我们的人生才是丰满的。

最后，希望你们这4年开开心心。否则过了4年，你一定会后悔，后悔当年为什么不那么开心。因为我现在走过篮球场时，不禁在想那时候我怎么没练好篮球。很多东西，失去了才知道它的珍贵。永远把自己在校园的4年，玩得最爽，读书读得最爽，朋友交得最爽。过好每一天！

## 第三篇　马云在宁波会员见面大会上的演讲（节选）

很高兴再次来到宁波，今天（2002年6月11日）不是礼拜天，大家来这儿我非常高兴，而且想代表阿里巴巴全球120万的会员和500名员工，向大家致以夏日的问候。这一趟是阿里巴巴在全国各地以商会友的第六场，我们第一场是在绍兴，然后去了无锡、顺德、深圳、厦门，这个礼拜是在宁波。我们在全国开会员见面大会，每一次都让我们感到非常激动。我记得在无锡那一场，我们请了250名会员，那天是下午2点钟开始，1点半下了很大的雨，我们想下午可能不会有那么多人，结果来了550多名会员。

### 搞一次电子商务"干帮"大会

商人需要不断地交流，电子商务要不断地沟通和交流才能发挥作用。我们正在筹划，以往我们在杭州搞"西湖论剑"，也许我们在未来的一年，或者今年或者明年，会搞一次电子商务"干帮"大会，"干"是实干的干，"帮"是互相帮助的帮。大家都是商人谈电子商务，而不是让IT界人谈电子商务，既不是投资者，也不是互联网人士，而是实实在在的商人来谈电子商务。在我看来，电子商务，商人觉得有用，就是有用；如果商人觉得没有用，再好也没有用。

我看了今天的名片，都是一些企业家、厂长、经理，都是年纪较大的人。我今天的演讲分3块，第一块跟大家交流一下阿里巴巴的昨天和今天，给阿里巴巴做一个分析。我们公司很小，只有3年。这3年来我们经历了各种痛苦、折磨，我想做成一个案例跟大家分析。第二块是我在全世界跑了很多国家，跟世界一流的企业家进行探讨，我想把这些探讨的经验跟大家分享一下。第三块是我想和大家分享一下，什么是电子商务，今天的电子商务能给我们带来什么。

宁波的企业家一直以非常聪明、大度、具有良好的战略眼光而闻名。我前几天参加浙江省对外贸易招商洽谈会，在招商会上有人说宁波企业家特别精明，香港十大企业家中有3个人祖籍是宁波。今天，我在这儿跟大家交流自己做企业的经验，一定会有收获。

**宁波是全国电子商务水平最高的地区**

衡量一个城市电子商务水平的好和坏，不能以城市里有多少电子商务公司来衡量，不能以有多少IT企业来衡量。前几天我们在会上探讨，有人说，宁波的电子商务发展得不是很好，说IT企业有七八家，已经关到了四五家，现在有名的、成功的不多，IT水平很差。我不这样认为。我前天早上在这里公布了一个信息：宁波是现在全国各地电子商务水平最高的地区。因为一个城市电子商务水平的好坏，不应以拥有多少电子商务公司衡量，其标准应该是这个城市企业运用电子商务的指数有多高。我们认为宁波企业用电子商务的指数最高。阿里巴巴到宁波一年多了，一年后宁波地区的续签率高达95%，只有两家企业今年不能再做下去。宁波的情况在全国、全世界都罕见，所以我觉得宁波的电子商务水平是很高的。

我今天主要讲阿里巴巴的昨天和阿里巴巴的今天。我们曾两次被哈佛选为全球的MBA教学案例。他们会派一个人到我们公司，至少待5天。这5天对我们所有的经理、部分员工以及刚刚加盟的新员工和客户，都做了仔细的调查，然后花两个月写这个案例。我每次拿到他们案例第一稿的时候，都觉得这不是在写阿里巴巴。很多人对阿里巴巴的看法很怪，有各种各样的媒体评论，对媒体的报道我不全看，但是很多会员对阿里巴巴的评论我一定看。

阿里巴巴到底是什么？它怎么过来的？

我觉得技术，就应该是傻瓜式服务。技术应该为人服务，人不能为技术服务。阿里巴巴能够发展得这么好，主要是CEO不懂技术。大批懂技术的人跟不懂技术的人工作，蛮开心的。我也觉得很骄傲，因为有85%的商人跟我一样不懂技术。我要求阿里巴巴的技术非常简单，使用时不需要看说明书，一点就能找到想要的东西，这个就是好东西。

大家知道我们创办阿里巴巴网站前在北京的外经贸部工作，1999年我们决定回杭州创业。在离开北京的前一个礼拜，我带着六七个人爬了一次长城。去长城那一天特别悲壮，感觉像是壮士一去不复返。我们一定要做成功，开一个让中国人感到骄傲的公司。我们在长城上找到了灵感。在长城上，每一个砖头上都有"张三到此一游"、"李四到此留念"，我觉得很有意思。如果说我要建公司的话，我第一步就是从BBS开始。

回到杭州后我收到了一个邀请，新加坡政府请我到新加坡的亚洲电子商务大会上发言。我很奇怪，我也没什么名，中国大陆就请了我一个人，是不是请错了？他说往返的机票都给报销。

**中国是中国，美国是美国**

新加坡电子商务大会的档次很高，200多人，发言的80%是美国人，85%的听众是欧美人，所有的话题都是关于雅虎等公司的，100%是美国的例子，但名字是亚洲电子商务大会。我临时换了一个主题，中国有自己的特点，亚洲是亚洲，中国是中国，美国是美国，美国的模式在中国未必就行。那次研讨会在亚洲影响很大。

后来《经济学家》杂志上登了一篇文章，讲我和亚马逊的老板，说美国有个人叫贝索斯，中国有个人叫马云。我们同时从1995年开始，他从西雅图开始，但是在美国亚马逊发展得那么好，在中国我们变得这么小，这是一个很大的区别。亚洲以什么为主？亚洲以中小型企业为主。全世界85%以上的企业都是中小型企业。比尔·盖茨只有一个。只有帮助中小企业才是最大的希望。

### 中小型企业的电子商务更有希望

亚洲是最大的出口基地，我们以出口为目标，帮助中国企业出口。帮助全国中小型企业出口是我们的方向。我们必须围绕企业对企业的电子商务。无论是在中国黄页还是在外经贸部做客户宣传的时候，会见一个国有企业的领导要谈13次才能说服他，但在浙江一带去3趟就可以了。这让我相信，中小型企业的电子商务更有希望，更好做。我从新加坡回来后就决定，电子商务要为中国的中小型企业服务。这是阿里巴巴最早的想法。

### 把自己口袋里的钱放在桌子上

1999年2月21号，我们在杭州开了一个非常重要的会议。这次会议到今天还在影响着阿里巴巴。当时18个创业者参加了这个会议。我们提出"东方的智慧，西方的运作，全世界的大市场"的目标，我们要创建让中国人感到骄傲的公司，能够持续发展80年的公司，只要是商人一定要用阿里巴巴。别人不会理解，我们暂时不对别人讲，我们也不见任何媒体。总而言之，认真踏实地创建一个公司。我们把自己口袋里的钱放在桌子上，凑了50万元。到第6个月，我们就熬不过去了，风险投资找我们时，我们的口袋里已经没钱了。

我们没日没夜地干，就这样熬过来了。到9月份，我们收到了第一笔500万美金的投资。美国的高盛牵头。当时互联网很热，很多人都想要钱。我对投资人说，"我们不要钱"，他们都很认真地听我说。

第一个找我的是浙江的企业，他说："我们可不可以合作一下，我给你100万，明年你再给我们110万。"我说他比银行还黑。9月28日拿到钱，9月30日我遇到了日本软银的CEO孙正义。大家谈得很好，当时我们就拍板，融了2000万美金。我只跟他解释了6分钟，他就听懂了什么是阿里巴巴。

我们第一次见媒体是在 1999 年的 8 月份。美国《商业周刊》杂志不知通过什么途径，找到了阿里巴巴。他们要来采访，我们拒绝了。后来他们通过外交部，再通过浙江省外办，一定要让我们接受采访。我们当时没有电话，也没有传真，只有一个在美国的 E-mail 地址。我们不想告诉别人我们是中国公司，那样在全球化拓展过程中，大家会认定我们是三流企业。

把他们带到居民区后，他们很怀疑。门一打开，二三十个人，在 4 居室的房间里面，干什么的都有。他们感觉阿里巴巴这时候有 2 万名会员了，名气很大，应该是很大的公司。最后我们拒绝发表这个文章。

1999 年之前，阿里巴巴就是这样。到 1999 年香港阿里巴巴成立的时候，一个土耳其的记者说："马先生，阿里巴巴应该属于土耳其的，怎么跑到中国来了？"这句话至少有二十几个国家说过：阿里巴巴是属于我们的，怎么属于中国呢？我们当时把总部定在香港，因为我们想这是中国人创办的公司，我们希望办一个中国人自己的公司，让全世界都感到骄傲的公司。香港是特别国际化的，我们在美国设了研究基地，在伦敦设了分公司，然后在杭州建立了我们中国的基地。

1999 年、2000 年阿里巴巴的战略很明确，迅速进入全球化，成为全球电子商务市场。我们要打开国际电子商务市场，培育中国国内的电子商务市场。我们的口号是避免国内甲 A 联赛，直接进入世界杯。这几年很多人认为，阿里巴巴在国外的名气比在国内大，这跟我们 1999 年、2000 年、2001 年的全面战略有关，我们迅速地打入了海外。现在很多企业说，我们很快进入全球化了，但是全球化绝不意味着请外国打工仔或者你在海外建一个厂就是全球化。我们在全球化战略上做过很多事。

我第一次在德国做演讲时，阿里巴巴的会员有 4 万多，而 1000 人的会场里面只有 3 个听众。第二次再去德国，里面坐得满满的。还有从英国飞过来的会员，一起进行交流。

### 我们怕国外企业，他们同样怕我们

中国加入WTO，国内所有的企业几乎都在问这个问题，我们该怎么办？国外的企业管理比我们好，钱比我们多，怎么能打赢？去年，我跑了20多个国家，参加了50场研讨会，所有的研讨会都谈到了这个问题。我们怕国外企业，他们同样怕我们。去年我参加的研讨会，题目竟然是《中国是威胁》。

我第一次到伦敦，我的公关经理告诉我们，下午6点15分，BBC电视台要来采访，是录播，不是直播。让我准备一下这5个题目。我从来不准备，我说没关系，我不看。下午3点BBC又发来一个传真，"请马先生一定要仔细地看"。下午6点进了BBC，还是拿出那5个题目，一定要我仔细准备。那我就准备一下。等到上了演播台，主持人说现在是BBC总部全球直播，有3亿人看哪！把镜头切过来问我问题，跟我准备的那5个问题一点关系也没有。他问："你是中国的公司，你在英国创立公司，你会成功吗？你想当百万富翁吗？你认为你可以当百万富翁吗？你当得了百万富翁吗？"一下就把我问蒙了。我当时很紧张，但还是微笑地和他谈话。结束之后我说，我们会证明我们会活下去，而且活得还很不错。后来，BBC又对我采访了几次，其中一次他们是派了报道组到国内，一个是采访当时的上海市市长徐匡迪，另一个是采访我，是BBC最热门的节目，叫《热点谈话》，节目播出时间有25分钟。

在互联网最艰难的时候，阿里巴巴回到中国，把总部从上海撤回杭州，实实在在地做事，放弃国内其他的市场，非常非常艰难。至今为止，阿里巴巴第一次裁员，我很郑重地对会员说，在2000年，把一些美国的工程师灭了，如果我们晚半年，可能公司也没了。不是我们聪明，而是没有办法。我们在中国实施"回到中国"策略的时候，我们没有对外说。我们一直说阿里巴巴一直开拓海外市场，结果有一些竞争对手跟我们去打海外市场，去了就关门了，没能回来。

是什么让阿里巴巴活下来？是什么让阿里巴巴走到现在？我们把回来做的第一件大事比作毛泽东经过长征，来到了延安。一是要进行延安整风运动，二是建立抗日军政大学，三是南泥湾开荒。

**整风是因为变化**

我们整风是因为互联网发生了巨大的变化。每个人对互联网的看法都不一样，对阿里巴巴的看法也不一样。如果说有50个傻瓜为你工作，是一件很开心的事情。困难的是每个人都认为自己聪明。当时美国有很多的知名企业管理者到我们公司做副总裁，各有见解，50个人方向不一致肯定会不行的。所以当年觉得，这是最大的痛。那时候简直像动物园一样，有些人特别能说，有些人不爱讲话。公司这个样子，所以我们觉得整风运动最重要的是确定阿里巴巴的共同目标，确定我们的价值观。

我问在座的企业家，你们企业所有的员工是不是有共同的目标？在今年春节的时候，90%的杭州企业没有一个告诉我们他们内部有一个共同的目标。公司所有的员工是不是跟你一样？我们在1999年提出阿里巴巴的目标："要做80年的企业，要成为世界十大网站之一，只要是商人一定要用阿里巴巴。"这是我们的目标。全公司所有的员工，如果你不认同这个目标，请你离开；如果你认为不可能实现，你也离开。

**克林顿说："是使命感。"**

两个月之前，我到纽约参加世界经济论坛，我听世界500强CEO谈得最多的是使命和价值观。中国企业很少谈使命和价值观，如果你谈，他们认为你太虚了，不想跟你谈。今天我们的企业缺乏这些，所以我们企业老不会变大。那天早上，克林顿夫妇早上请我们吃早餐，克林顿讲到一点，说美国在很多方面是领导者，有时领导者不知道该往哪儿走，没有什么引导他们，他们没有榜样可以效仿。这个时候，是什么让他做出决定，克林顿说："是使命感。"

让天下没有难做的生意是我们的使命感。现在名气最大的企业是GE，是通用电气。他们100年前最早是做电灯泡的，他们的使命是让全天下亮起来，这使GE成为全球最大的电器公司。另一家公司是迪士尼乐园，他们的使命是让全天下的人开心起来，这样的使命使得迪士尼拍的电影都是喜剧片。

阿里巴巴做这个决定的时候，使命是让天下没有难做的生意。所有的制造出来的软件都是要帮助我们的客户把生意做得简单。

**阿里巴巴最值钱的东西**

还有就是价值观，公司要有一个统一的价值观。我们有来自11个国家和地区的员工，有着不同的文化。是价值观让我们团结在一起，奋斗到明天。我们请来的CEO总裁，他53岁了，是传统企业的老经理人，非常出色，他在GE工作了16年。我们总结了9条精神，是它让我们一起奋斗了4年。我们告诉所有的员工，要坚持这9条：第一条就是团队精神，第二条是教学相长，然后是质量、简易、激情、开放、创新、专注、服务与尊重。这9个价值观是阿里巴巴最值钱的东西。

我们在2000年制定了共同的使命、共同的目标、共同的价值观。新员工只有经过学习才能加入阿里巴巴。今天想跟大家讲，使命、价值观、目标是任何一个企业、任何一个组织机构一定要有的东西。如果没有这3样东西，你走不长，走不远，长不大。

**90%的中国企业家不认同我这个观点**

我做过这样的调查，90%的企业家不认同我这个观点。我见过所有世界500强的企业，都讲这个。讲来讲去就是两点：价值观和使命。宋朝的梁山好汉108个，如果他们没有价值观，在梁山上打起来还真麻烦。他们有一个共同的价值观，那就是江湖义气，无论发生什么事都是兄弟。这样的价值观让他们团结在一起。108将的使命就是替天行道。但是他们没有一个共同的目标,导致后来宋江认为自己应该投降,李逵认为打打杀杀挺好的,还有些人认为衙门不抓他们就很好了,到后来崩溃掉了。所以一定要重视目标、使命和价值观。这是阿里巴巴2001年做的整风运动。

**零预算与口碑相传**

自2000年起,我们在国内外的广告预算为零。尽管是零预算,但是我们的会员已达到120万,越做越大。就是口碑相传。前两天有一个研讨会,有人说宁波市场不好,我说宁波市场非常好,在宁波赚了很多钱,所以整个收支平衡。从2001年12月起,我们公司进入了非常良好的状态。现在非常奇怪,你越有钱,别人越想投资你。现在互联网投资很难拿到风险投资,但我们很容易就能得到投资。我们现在是钱很多,但是用得很少。我们还要不断地在海外发动更大的市场战略。

现在我们的干部也成熟了起来。员工扩大到了500名。现在互联网是在裁员发展,我们是扩大发展。我们的目标是在全年发展中赚1块钱。也就是说,如果我们整年投资800万美金,我们要赚8000001美金。事实上,到现在为止,我们的确运转得非常良好,员工从前年的100多名,到去年的200多名,到今年的500多名,我们还要不断地招人。

**把钱投在员工身上**

有人说为什么阿里巴巴还要招员工?我们认为员工是公司最好的财富。有共同价值观和企业文化的员工是最大的财富。今天银行利息是2个百分点,如果把这个钱投在员工身上,让他们得到培训,那么对员工创造的财富远远不止2个百分点。我们去年在广告上没有花钱,但在培训上花了几百万。我们觉得这是最大的回报。阿里巴巴现在有120万会员，而且连续两次被哈佛评为全球最佳案例，连续两次被福布斯评为最佳 B2B 网站。在网络电子商务领域，我们会员数跃居世界第一位。

**世界互联网的 5 个典型**

我到哥伦比亚大学，教授讲：当前世界互联网的 5 个典型企业，跨媒体多平台以 AOL 为典型，B2C 以亚马逊为典型，C2C 以 eBay 为典型，门户以雅虎为典型，B2B 今天以阿里巴巴为典型。亚洲人做出了一个为亚洲企业服务的电子商务典型，并为世界 IT 界所认同。

**天外有天，人外有人**

我们最近跑了一些地方，特别是我在中央电视台《对话》栏目中看到中国的知名企业家讲了这句话，让我觉得很不以为然。他说："我这个企业很难管理，哪怕通用前任 CEO 杰克·韦尔奇在我这里管理，最多只能待 3 天。"第一，杰克·韦尔奇不会待 3 天；第二，他来了一定会改变你的企业。可怕的不是距离，而是不知道有距离。我在网站上也讲过这句话。我先讲一个例子，我有一个朋友，在浙江省散打队当教练，他给我讲了一个故事：武当山下有一个小伙子非常厉害，把所有的人都打败了。他自认为天下无敌，于是跑到北京，找到北京散打集训队教练，说我要跟你的队员打一场。教练说你不要打。但教练越不让他打，他越要打。最后说让他打一下吧，5 分钟不到就被打下来了。教练跟他说："小伙子你每天练两个小时，把每天练半个小时的人打败了。我这些队员每天练 10 个小时，你怎么可能跟他们打？而且我们的队员还没有真打。"天外有天，人外有人。

企业之间有很大的区别。因为去年我们已经步入了收支平衡，会员达到了 100 万。到了这个时候，不知道往哪儿走了。我跟 TCL 李冬生和日本索尼的老总在香港开了一个会议。在交流的过程中，我大为折服，做 CEO 做到这种地步很厉害。他把管理看成道，有非常清晰的管理理念。我本来不知道该怎么走，一下子觉得原来路在这里。后来参加世界经济论坛纽约的论坛，我跟波音的老总、比尔·盖茨、微软的总裁交流，吃了饭。我大为折服，那是没办法比的。有些东西是你没有跑过，你觉得自己来不得。一比你才发现自己距离很大。

波音老总讲公司发展战略时说，每一个企业都会问自己一个问题，我这个决定到底错还是对？在座的也是这样。这个时候往往缺少一个东西，就是公司的发展战略。没有明确的发展战略是不行的。他说他当波音 CEO 的时候，波音公司的重心都放在民用航空上面，没有放在军事航空上面。如果发生军事危机的话，波音一定会发生很大的危机。所以 "9·11" 事件之后，波音没有遇到很大的灾难。我没有感谢 "9·11" 事件的意思，但这就是战略的提升。我想跟大家讲，这个距离是很远的，我们中国企业家距离很远。我上个月在北京参加世界经济论坛北京分会。可能有人在网上看见我和北大教授吵了一场架，他把中国的 MBA 说得天花乱坠，我说中国的 MBA 根本就没有用。

**不要先学做事，先学做人**

那天我是有感而发，我那时刚从纽约回来一个礼拜，就赶到北京，参加北京世界经济论坛、北京中国企业家论坛。我从来没有那么丢脸，那次丢得真是一塌糊涂。那次会议，台上有四五个在讲，下面有一半的人在听，另外一半不是打电话，就是抽烟、聊天，上面谈上面的，下面谈下面的。我觉得特别尴尬，为什么中国企业会出现这样的问题？有一个国家的部长请了 12 个中国企业家进行交流座谈，这个部长讲话只有 15 分钟，这 15 分钟内你知道发生了什么事？我们大半的企业家在打电话。部长的脸色特别尴尬。我看了都不知道该怎么说。这不是文化的差异，是礼貌、尊重。如果中国企业是这样的话，谁还跟中国企业交流，谁还愿意跟中国企业做生意。我说 MBA 不要先学做事，先学做人，这样才能改变我们。

所以那天我有感而发。后来去了哈佛大学、斯坦福大学、麻省理工学院、还有印度大学，他们都骂我。我觉得 MBA 不是没有用，而是有很多东西你们应该学过。我收过很多 E-mail，是 MBA 学生来的信，说我骂他们是因为我爱他们。做任何企业，其实都要做 3 件事情。企业家做人也是做 3 件事情。这是我跟金庸探讨《笑傲江湖》的时候探讨出来的一些观点。何为笑，何为傲？什么人能笑，什么人能傲？你做企业家你想笑，你想笑得透彻，有眼光、有胸怀的人才能笑得爽朗透彻。你想傲，你一定要有实力，人家一个巴掌过去，你滚出 5 米之外，你再傲也没有用。所以要想笑傲江湖，要做到眼光犀利、胸怀开阔。我认为眼光是读万卷书不如行万里路，多看，多跟高手交流。虽然你会觉得距离蛮远的，但这样你的眼界就会打开。企业家也是这样，我是某某城市排行第一的，你到外面看一下，差得很远。

**距离不可怕，可怕的是你不知道距离**

我非常敬佩邓小平，改革开放是非常有眼光的。他去欧洲、去美国一看是这样的，中国和它们的差距这么远，他才知道差距。我们在座的每一个企业家都要了解，距离不可怕，可怕的是你不知道距离。跟克林顿吃早饭那一天，中国那些部长的名字他都能说出来，中东一些部长的名字也能说出来，你会感觉他是实实在在的人，他是平凡的人，所以他伟大。要不断地去走，不断地去跑，不断地去看。

**胸怀是靠冤枉撑大的**

胸怀是非常重要的，一个人有眼光没胸怀是很倒霉的，《三国演义》中的周瑜就是眼光很厉害，胸怀很小，所以被诸葛亮气死了。宰相肚里能撑船，说明宰相遇到的怨气太多了。像周总理，每天抱怨他的人肯定很多，他不可能每天跟人解释，只能干，用胸怀跟人解释。人的胸怀是靠冤枉撑大的。

**实力是由失败堆积起来的**

我觉得实力是由失败堆积起来的,一点点的失败是一个人的实力、企业的实力。等我年纪大了,我希望我跟我孙子吹牛,我是你爷爷,做成这么大的事情。"一点都不牛。"孙子说,"刚好是互联网大潮来了,有人给你投资。"当我讲当年有这件事情时,犯了很严重的错误,他会很崇拜地看着我。真的,这个我倒不一定吃得消。一个人成功的背后是有很多惨痛的经历的。

**成功必定是团队带来的**

我一直倡导在中国,企业要讲究团队精神,阿里巴巴就做得非常不错。我是我们公司的说客,我是光说不练的人。我为我的团队感到非常骄傲,公司4个"O"的团队,我把我们公司做的事情跟大家分享一下。

关明生是我们的 COO,在 GE、BTR 等全球 500 强公司做了 25 年的经理人,英国籍香港人;我们的 CFO 蔡崇信,欧洲 Invest AB 公司做投资的,他是法学博士,加拿大籍中国台湾人;我们的 CTO 吴炯,雅虎搜索引擎的发明人,美国籍上海人;我是中国国籍,杭州户口。我们4个人各守一方,现在合作得非常好。合作都是团队做出来的。如果别人把你当英雄,你千万不能把自己当英雄;如果自己把自己当英雄,必然要走下坡路。

**中国最好的团队是唐僧西天取经的团队**

中国人认为最好的团队是刘、关、张、诸、赵团队。关公武功那么高,又那么忠诚,刘备和张飞也有各自的任务,碰到诸葛亮,还有赵子龙,这样的团队是千年等一回,很难找。而我认为中国最好的团队就是唐僧西天取经的团队。唐僧这样的领导,什么都不多说,我就是要取经。这样的领导没有什么魅力，也没有什么能力。悟空武功高强，品德也不错，唯一遗憾的是脾气暴躁，单位里有这样的人。猪八戒很狡猾，没有他，生活少了很多情趣。沙和尚更多了，你不要跟我讲人、讲价值观，他觉得"这是我的工作"。半小时干完了活就睡觉去了，这样的人单位里有很多很多。就是这样4个人，千辛万苦，取得了真经。这种团队是最好的团队。这样的企业才会成功。

今天的阿里巴巴，我们不希望用精英团队来形容。如果只是精英们在一起，肯定做不好事情。我们都是平凡的人，平凡的人在一起做一些不平凡的事，这就是团队精神。我们每个人都欣赏团队，这样才行。

**电子商务不是救命稻草**

美国东海岸的羊和西海岸的羊有很大的区别，羊种是一模一样的，东海岸的羊群心脏功能很好，体格发达，西海岸的羊心脏很肥大。原因是什么呢？东海岸有狼，羊经常跑；西海岸没有狼，羊的寿命不是很长。同样的羊听见狼的时候，瘦的羊就跑掉了。这怕什么？狼过来的时候我自然会跑，我现在身体状况很好，而狼自然先吃掉你。大型企业一定会被那些外国企业消灭掉，小企业掉头快，逃跑很快。宁波的企业、温州的企业这两年发展很快，因为我们小，船小掉头快，形势不对马上就跑。这个不是赌博，是投资。曾经有一家企业跟我们说，我们不做电子商务不会死，做了电子商务让我们企业死掉了。他说我们就怕这个。我说这种情况并不多，不能把所有钱都压在那儿。所有的商业投资都要看有没有效果，有效果投一点，没有效果就不要多投，它不是救命稻草。公司要成长，有很多事情要做，不光是电子商务。电子商务能够帮助你的就是找到国内外的买家，至于买卖能不能做成，还有很多企业内部经营管理的问题，所以我觉得把电子商务作为投资，就像学外语一样，你如果不学，等到要用的时候，已经来不及了。

### 嘴上说网络不一定有用，但是付钱比谁都快

千万不要相信很多小企业家对电子商务的看法，中国商人特精明，谁都不愿意告诉别人自己成功的经验。我小时候读书不好，是因为很多同学都玩，我也玩，天天玩，他们说玩有好处，然后就玩。结果我发现考不过他们，后来到人家家里才发现，他们在家里会认真学习，而我还在玩。这个例子告诉大家，我们中国的中小型企业，电子商务做得非常好，但是他们不会告诉你们。我很高兴，刚才我们有一个客户跟我们分享经验，这种企业非常少。这个客户在网站上卖雨伞，这个雨伞非常好卖。他说："不要让我做采访，不要让我分享经验，这种事情我不会干的，分享经验是不行的。我这样做，大家都卖雨伞怎么办？"这种心态我非常理解，江浙企业非常有意思，嘴上说网络不一定有用，但是付钱比谁都快，他们怕别人追上来。

有时候要相信自己，用自己的眼光去看待电子商务才是很有意思的。不管是不是用我们的网站，只要是网站，大胆走出第一步，这一步下去，你肯定会尝到甜头，但是也不要奢望今天上网3天内就有效果。

有的企业家告诉我，他们早就在做电子商务了。我说："你们怎么个电子商务法？"他说："我们租了很多网站，花了很多钱。"我说："你们网站的名字呢？""名字我不记得了，小赵，名字是什么？"小赵也不知道，这个也要查查看。这个也叫电子商务？做一个网页的目的，就是买一套软件。做了一个网站，只是刚刚开始。买了一个扳头回来，往家里面一放，就算做好了？

### 对客户也要实行271战略

刚刚提出电子商务是一个过程，是以商务为目的，以电子为工具或手段，去经营你的企业和业务，而不是说买一套软件就可以了。我们现在实行内部271战略，20%是优秀员工，70%是不错的员工，10%是必

须淘汰掉的员工。我们对客户也要实行271战略，每年有10%的客户一定要淘汰掉。比如说我是医生，你是病人，你来看病。你不晓得电子商务，我开了一个药方，你把药买回去往家里一放，不吃药，我也没有办法。

**客户永远是对的，但是大部分时间他们是错的**

有的时候，我们公司奉行"客户永远是对的"，但是大部分时间他们是错的，他们不知道我们在干什么。我们是企业家，明白自己在干什么。他们永远是对的，但是有时候不对，电子商务这个东西需要配合，而阿里巴巴是一个商务服务公司，帮助大家在网上做成合作。所以我对电子商务的交易就是这么一句话：它是一个工具，不是炸弹，拿这个工具用一下，它帮你就是把你的产品推到全国甚至全世界，它能帮你在网站上收集别人的情报，它能帮你加强内部的管理和调节。

## 第四篇　马云卸任阿里巴巴 CEO 的演讲

大家晚上好！谢谢各位！谢谢从全国各地，从美国、英国和印度来的同事，感谢大家来到杭州，感谢大家参加淘宝网的 10 周年庆典！

今天是一个非常特别的日子，当然对我来讲，我期待这一天很多年了。最近一直在想，在这个会上，跟所有的同事、朋友、网商，所有的合作伙伴，我应该说些什么？大家很奇怪，就像姑娘盼着结婚，新娘子到了结婚这一天，除了会傻笑，真的不知道该干什么。

我们是非常幸运的人，我其实在想 10 年前的今天，是"非典"在中国最危险的时候，所有人都没有信心，大家都不看好未来。可阿里巴巴的十几个年轻人一起，我们相信 10 年以后的中国会更好，10 年以后，电子商务会在中国受到更多人的关注，很多人会用。

但我真没想到，10 年以后，我们变成了今天这个样子。这 10 年无数人为此付出了巨大的代价，为了一个理想，为了一个坚持，走了 10 年。我一直在想，即使把今年阿里巴巴集团 99% 的东西拿掉，我们还是值得的，今生无悔。更何况我们今天有了那么多朋友，那么多相信的人，那么多坚持的人。

我在想是什么东西让我们有了今天，是什么让马云有了今天。我是没有理由成功的，阿里巴巴也没有理由成功，淘宝网更没有理由成功，但我们居然走了这么多年，依旧对未来充满信心。其实我在想是一种信任，在所有人不相信这个世界，所有人不相信未来，所有人不相信别人的时候，我们选择了相信，我们选择了信任。我们选择相信 10 年以后的中国会更好，我们选择相信我的同事会做得比我更好，我相信中国的年轻人会做得比我们更好。

20 年以前也好，10 年以前也罢，我从没想过，我连自己都不一定相信自己，我特别感谢我的同事信任了我，当 CEO 很难，但是当 CEO

的员工更难。我从没想过在中国，大家都认为这是一个缺乏信任的时代，它居然让你从一个你都没有听见过的名字，"闻香识女人"这样的人身上，付钱给他，买一个你可能从来没见过的东西，经过上千、上百公里，通过一个你不认识的人，到了你的手上。今天的中国，拥有信任，每天 2400 万笔淘宝网的交易，意味着在中国有 2400 万个信任在流转着。

在座所有的阿里人，淘宝网、小微金融的人，我特别为大家感到骄傲。今生跟大家做同事，下辈子我们还是同事！因为是你们，让这个时代看到了希望。在座的你们就像中国所有的 80 后、90 后那样，你们在建立一种新的信任，这种信任让世界更开放，更透明，更懂得分享，更愿意承担责任，我为你们感到骄傲。

今天的世界，是一个变化的世界。30 年以前，我们谁都没想到今天会这样，谁都没想到中国会成为制造业大国，谁都没想到电脑会深入人心，谁都没想到互联网在中国会发展得那么好，谁都没有想到淘宝网会火起来，谁都没想到雅虎会有今天。这是一个变化的世界，我们谁都没想到，我们今天可以聚在这里，继续畅想未来。

我们大家都认为电脑够快，互联网还要快，我们很多人还没搞清楚什么是 PC、互联网，移动互联来了；我们还没搞清楚移动互联的时候，大数据时代又来了……变化的时代，是年轻人的时代。今天还有不少年轻人觉得无数像谷歌、百度、腾讯、阿里巴巴这样的公司拿掉了所有的机会。10 年以前，当我们看到无数伟大的公司，我们也曾经迷惘过，我们还有机会吗？但是 10 年的坚持、执着，我们走到了今天。假如不是一个变化的时代，在座所有的年轻人，轮不到你们。工业时代是论资排辈的，永远需要有一个 Rich Father，但是今天我们没有，我们拥有的是坚持和理想。很多人讨厌变化，但正因为我们把握住了所有的变化，我们才看到了未来。未来 30 年，这个世界，这个中国，将会有更多的变化。这种变化对每个人来说都是一个机会，我们应该抓住这次机会。我们很多人埋怨昨天，甚至 30 年以前的事情。中国发展到今天，谁都没有经验；世界发展到今天，谁都没有经验。我们没有办法改变昨天，但是 30 年以后的今天，是我们今天这帮人决定的。改变自己，从点滴做起。坚持 10 年，这是每一个人的梦想。

我感谢这个变化的时代，我感谢无数人的抱怨，因为在别人抱怨的时候，你才有机会。只有变化的时代，才是每个人看清自己有什么、要什么、该放弃什么的时候。

参与阿里巴巴建设的 14 年里，我很荣幸我是一个商人。今天人类已经进入了商业社会，但是很遗憾，商人在这个世界没有得到他们应该得到的尊重，商人在这个时代已经不是唯利是图的代名词。我想我们跟任何一个职业，任何一个艺术家、教育家、政治家一样，我们在尽自己最大的努力，去完善这个社会。14 年的从商经历，让我懂得了什么是人生，什么是艰苦，什么是坚持，什么是责任，什么是别人成功了，才是自己的成功。我们最期待的是员工的微笑。

从今天晚上 12 点以后，我将不是 CEO。从明天开始，商业就是我的票友，我为自己从商 14 年深感骄傲！

看到你们，看到中国的年轻人，我不希望有一天我们这些人再来一个致我们逝去的中年。这个世界谁也没把握你能红 5 年，谁也没有可能说你会不败，你会不老，你会不糊涂。解决你不败、不老、不糊涂的唯一办法就是相信年轻人！因为相信他们，就是相信未来。所以我将不会回到阿里巴巴做 CEO。

要我回也不会回来，因为回来也没有用，你们会做得更好！

做公司，到这个规模，小小的自尊，我很骄傲，但是对社会的贡献，我们这个公司才刚刚开始。所有的阿里人，都很兴奋，很勤奋，很努力，但我们很平凡，认真生活，快乐工作。我们今天得到的远远超过了我们的付出，这个社会在这个世纪希望这家公司走远走久，那就是让我们去解决社会的问题。今天社会上有那么多问题，这些问题就是在座各位的机会。如果没有问题，就不需要在座的各位。

阿里人坚持为小企业服务，因为小企业是中国梦想最多的地方。这里，14年前，我们提出了"让天下没有难做的生意，帮助小企业成长"。今天这个使命落到了你们身上，我还想再为小企业讲，人们说电子商务、互联网制造了不公平，但是我的理解是，互联网制造了真正的公平。请问，全国各省、各市、各地区，有哪个地方为小企业、初创企业提供税收优惠，互联网给了小企业这个机会。有些企业三五年内享受了五六个亿用户，他们呼唤跟小企业共同追求平等，小企业需要的就是500块钱的税收优惠，请所有阿里人支持他们，他们一定会成为中国将来最大的纳税者。

感谢各位，我将会从事一些自己感兴趣的事，比如教育、环保。刚才那首歌"Heal the world"，这世界有很多事，我们做不了。这世界奥巴马就一个，但是太多的人把自己当奥巴马看。这个世界每个人做好自己那份工作，做好自己感兴趣的那份工作，已经很了不起了。我们一起努力，除了工作以外，完善中国的环境，让水清澈，让天空湛蓝，让粮食安全！我拜托大家！（马云单膝下跪）

我特别荣幸地介绍阿里巴巴未来的团队，他们和我一起工作了很多年，他们比我更了解自己。陆兆禧工作了13年，在阿里巴巴内部换了很多岗位，经历了很多磨难，应该讲13年的眼泪和欢笑是一样多的，接马云这个位置是非常难的。我能走到今天，是大家的信任。因为信任，所以简单！

我相信，我也恳请所有人像支持我一样，支持新的团队，支持陆兆禧，像信任我一样信任新团队，信任陆兆禧！谢谢大家！明天开始，我将有我自己新的生活。我是幸运的，在我48岁，我就可以离开我的工作岗位。在座每个人也会有这一天。48岁之前工作是我的生活，明天开始，生活将是我的工作。欢迎陆兆禧！